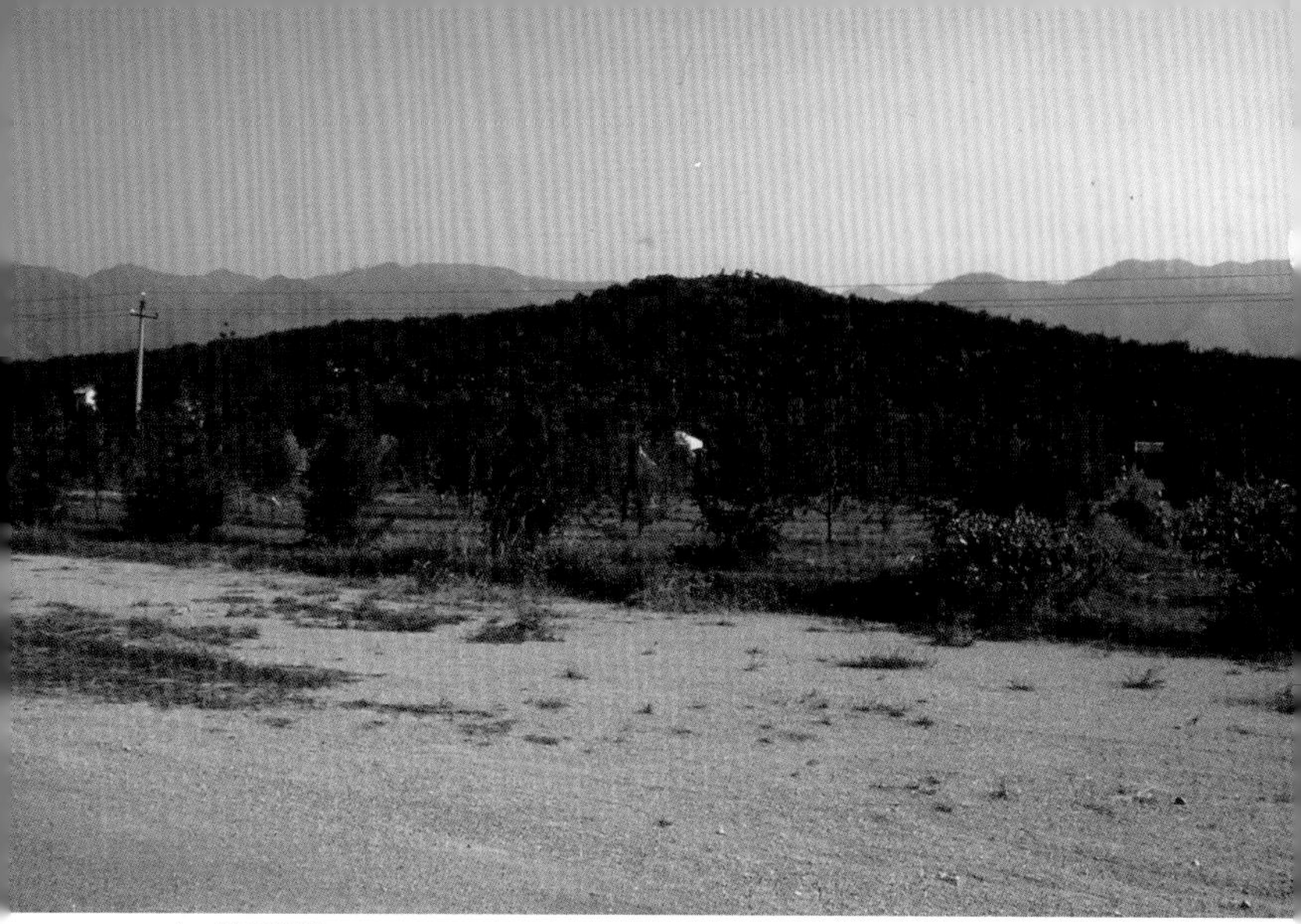

1. 始皇帝陵
始皇帝陵は人工の墳丘。背景に自然の驪山の山並みがみえる。

2. 驪山と始皇帝陵周辺　4K衛星画像による3次元画像（画像処理：東海大学情報技術センター）
戯水と華清池の間に急峻な小さな谷が並び、その中心に始皇帝陵が位置する。

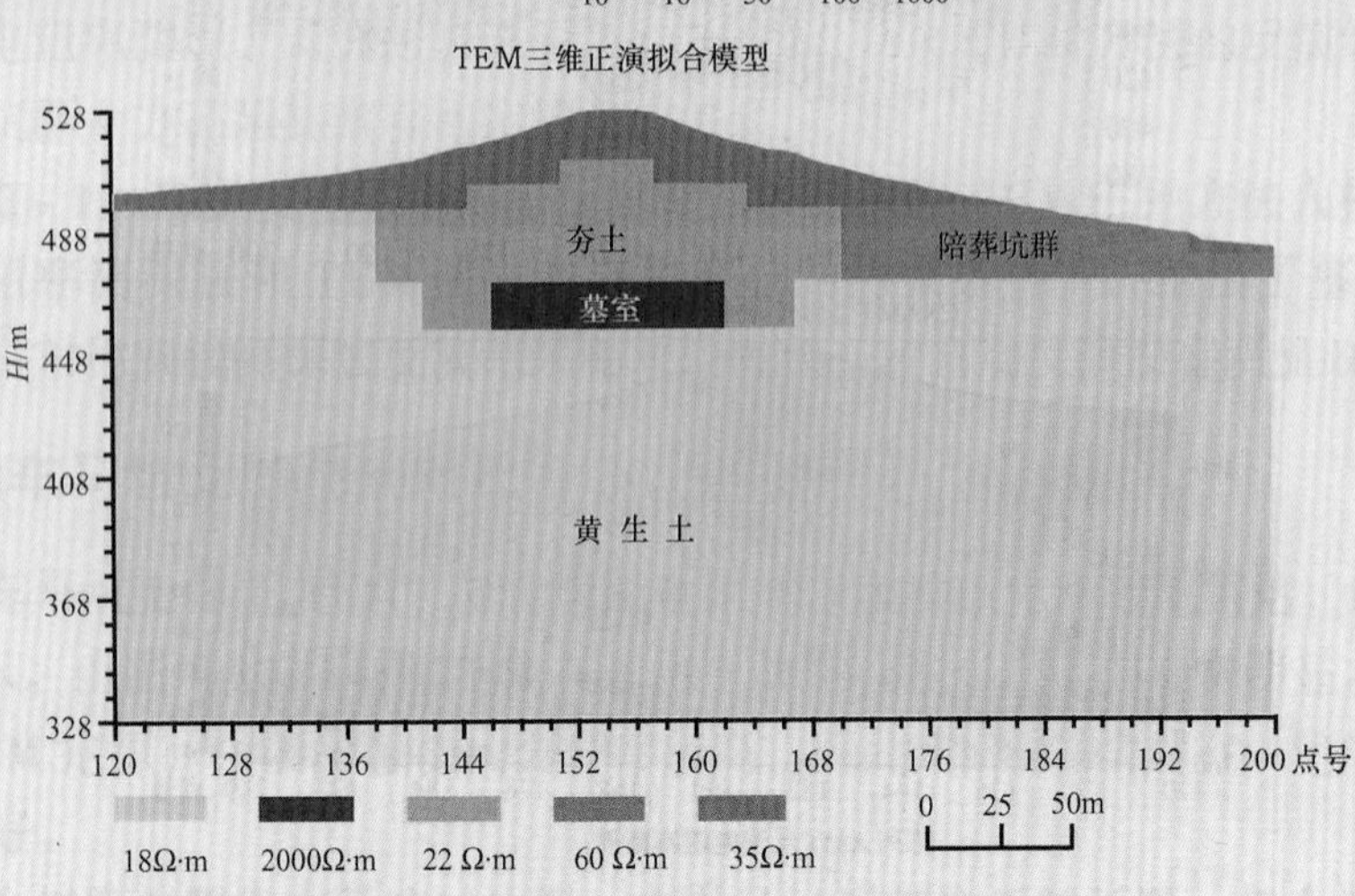

3. 遙感考古による地下宮殿の確認（『秦始皇帝陵地宮地球物理探測成果與技術』）
電流の抵抗率を測定した結果、黄土の土壌、版築、墳丘よりも、墓室の地下空間に異常に高い数値(2000Ω·m)が出た。

4. 始皇帝陵墳丘内の階段ピラミッド（『秦始皇帝陵園考古研究』）
墳丘内部における土壌の磁化率の強弱差から、向かい合うコの字形の版築があることがわかった。

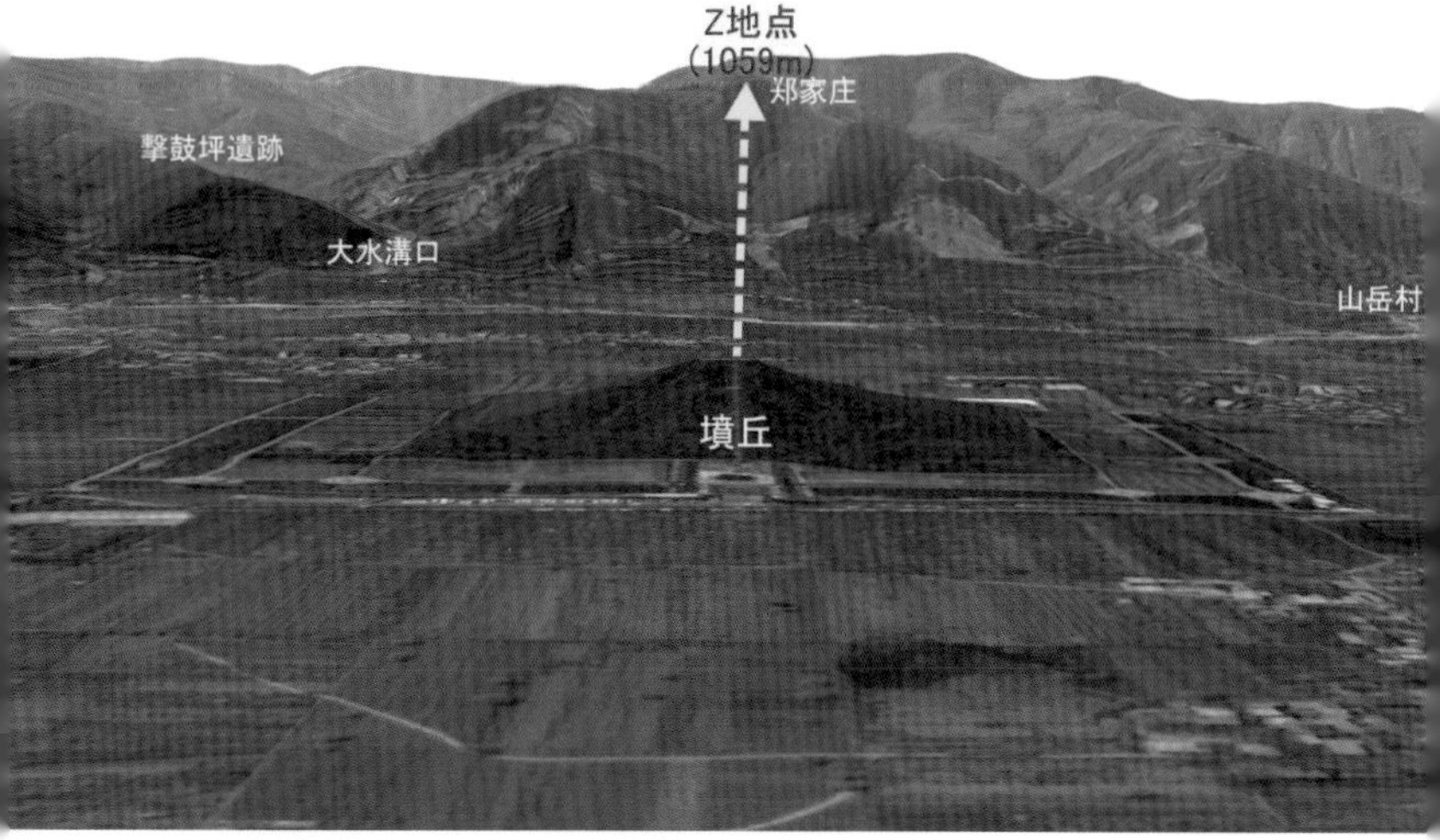

5. 衛星画像から作成した始皇帝陵の３次元画像（画像処理：東海大学情報技術センター
Quick Bird@2003 Maxar Technologies.）

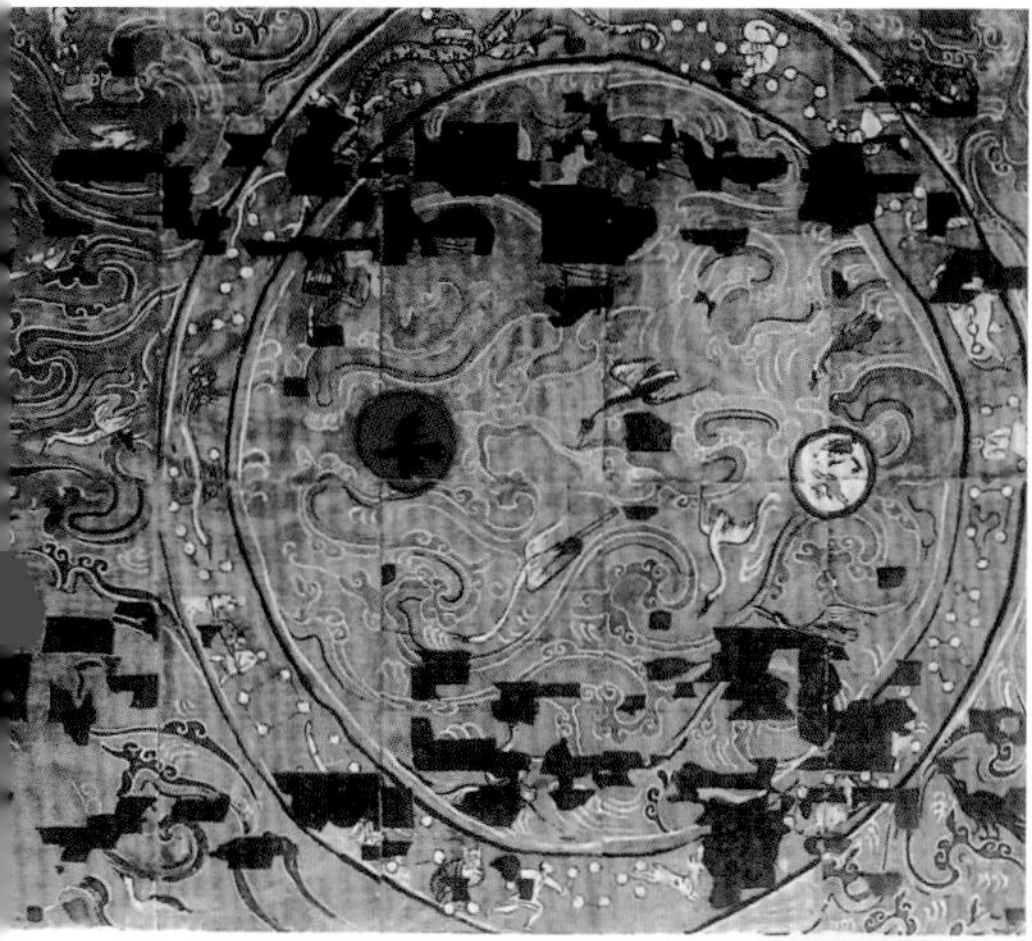

6. 西安交通大学前漢壁画墓
天井から四壁に描かれた天文図を平面に広げたもの。左に太陽、右に月、二重の同心円内に28宿が図案化されて描かれている。
（『西安交通大学西漢壁画墓』）

小さな磚室《せんしつ》墓《ぼ》では天井に天文の壁画を描くことは難しくない。
（『人民中国』 1988年 第6期）

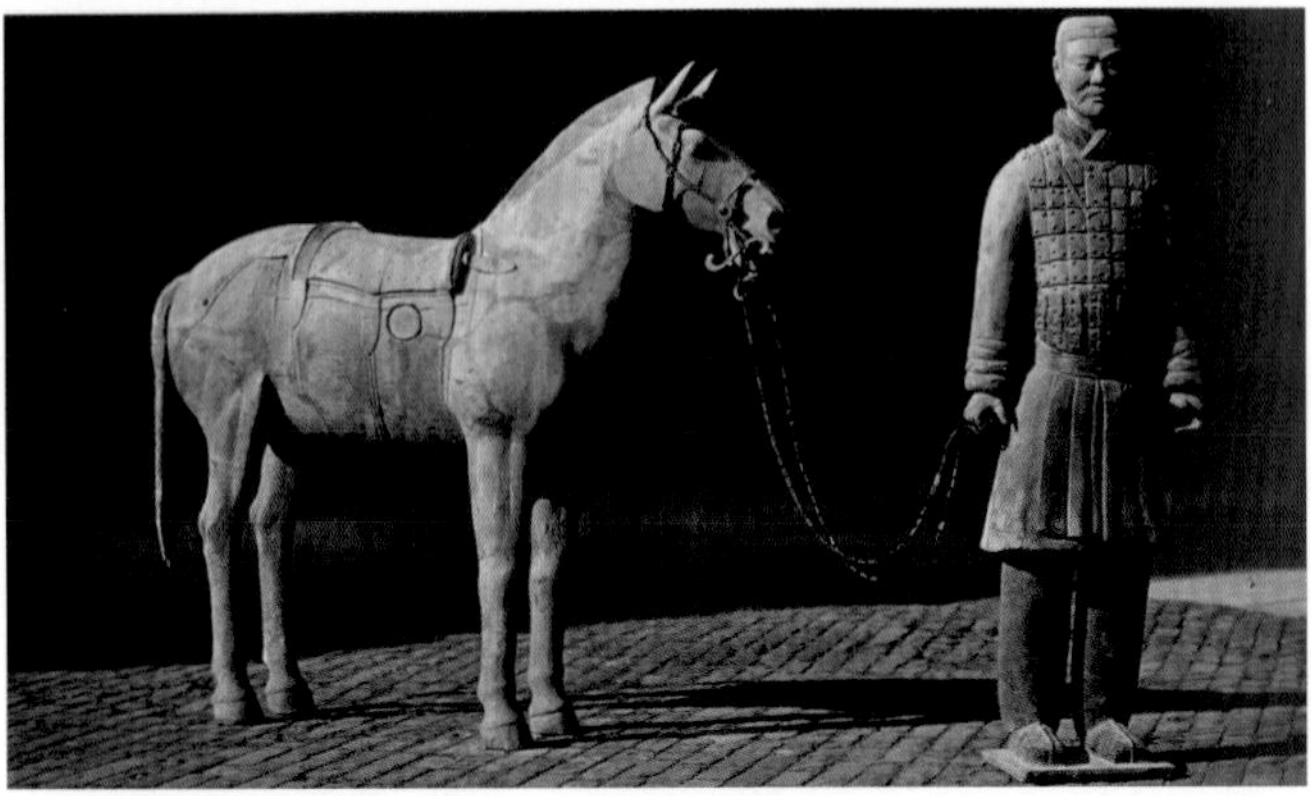

7. 兵馬俑2号坑の騎兵と騎馬（『中国秦・兵馬俑』）
等身大の馬の陶俑（高さ172cm）が作られ、等身大の騎兵（184cm）が添えられた。馬厩坑では埋葬した真馬に跪座俑や等身大の官吏俑が添えられていたが、陶俑同士の組み合わせが実現する。

8. 兵馬俑坑の将軍俑（高級武官俑）
現在まで11体出土している。

9. 墳丘内階段ピラミッドと墳丘の段差地形（画像処理：東海大学情報技術センター　データ：CORONA（©NASA））
遙感考古で確認された階段ピラミッドは衛星画像や古写真の段差地形と一致する。

鶴間和幸 著

始皇帝の地下宮殿

～隠された埋蔵品の真相～

山川出版社

はじめに

中国史上最初の皇帝となった始皇帝《しこうてい》（前二五九〜前二一〇、在位前二四七〜前二一〇）は、最初は秦王《しんおう》として二六年間即位し、東方の六国を統一したのちは皇帝として十二年間君臨した。秦王に即位した翌年から陵墓の建設がはじまり、三七年の治世の間、罪人七二万人を動員して建設工事を続けたという。五〇歳で病で急死した始皇帝の遺体が収められたのは、現在も残る東西三四五メートル、南北三五〇メートルの巨大な墳丘の地下であり、地下深くに墓室を作って土で埋めてしまったために、そこに立ち入ることはできず、入るためには墓室の上部の膨大な量の土を取り除かなければならない。将来の発掘を待たなければならないのである。エジプトのピラミッドのように地上部分に墓室を設け、入り口の石の扉を開ければ墓道から墓室に入ることができるのとは違う。したがって始皇帝の遺体の情況や副葬品の状態は、謎として残されている。

その墳丘の地下空間を現代中国では「地宮《ちきゅう》」と二音節のことばで呼んでいる。地宮は歴史上の用語ではなく、日本では「地下宮殿」と四字句で一般に呼んでいる。現代中国語は基本的に二音節のことばが多く、ティー・コン（dì-gōng）の発音の方が落ち着くのである。日本語では内容を意味した四字句の方がわかりやすい。

クフ王のピラミッド

ギザの3大ピラミッドのなかで最大の大きさ。地上の空間（王の間、女王の間）のほかに地下の石灰岩の岩盤にも地下の間があり、さらにほかにも空間の存在が確認され、始皇帝の地下宮殿とともに謎が多い。（著者撮影）

秦の始皇帝

実際の肖像は残されていない。後世の明の時代の『三才図会』（1609年刊行）に描かれた肖像。

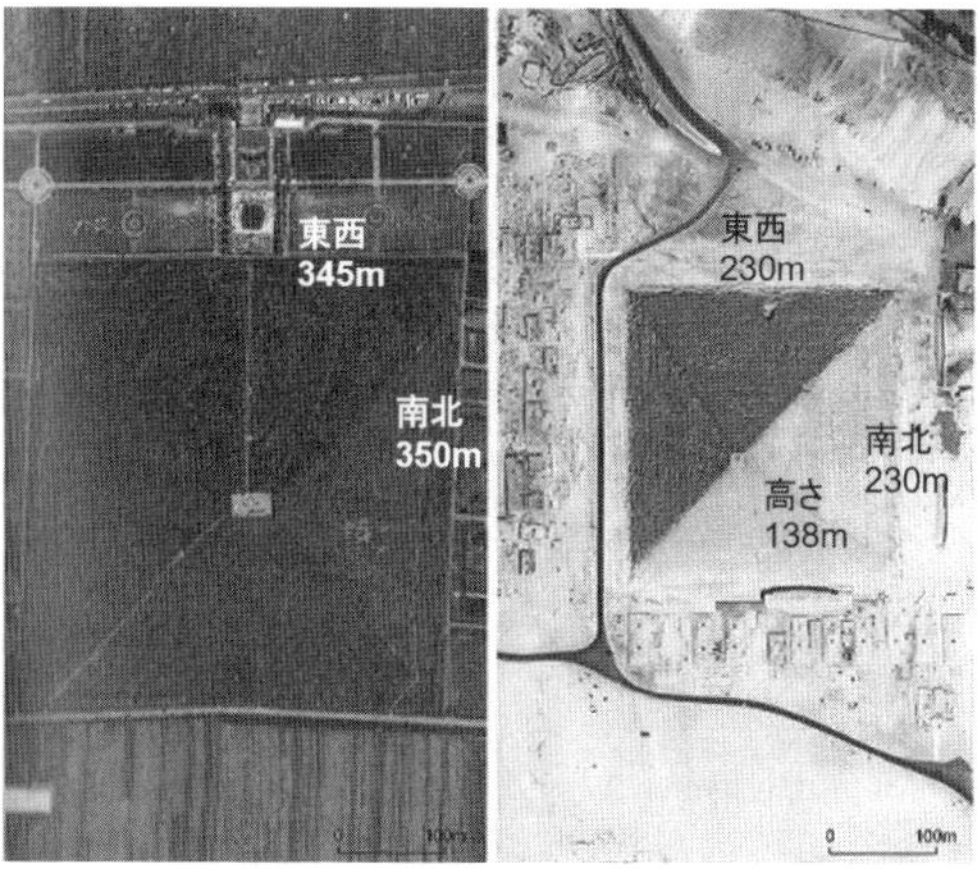

始皇帝陵とクフ王のピラミッド

土を突き固めた始皇帝陵と石灰岩を積み上げたクフ王のピラミッド。始皇帝陵と、2300年も前のピラミッドは、衛星画像から見た形はよく似ている。ピラミッドは斜めからの画像であるために、頂上は中心にはない。頂上のキャップストーンが失われて平坦になっているので、もとの高さは146m。始皇帝陵は斜面に載っているために高さは測量の場所で大きく異なる。（画像処理：東海大学情報技術センター Quick Bird@2021 Maxar Technologies.）

行從直道至咸陽，發喪。太子胡亥襲位，爲二世皇帝。①九月，葬始皇酈山。②始皇初即位，穿治酈山，及并天下，天下徒送詣七十餘萬人，③穿三泉，下銅〔一〕而致椁，宮觀百官奇器珍怪徙臧滿之。〔二〕④令匠作機弩矢，有所穿近者輒射之。⑤以水銀爲百川江河大海，機相灌輸，〔三〕⑥上具天文，下具地理。⑦以人魚膏爲燭，〔四〕度不滅者久之。〔五〕⑧二世曰：「先帝後宮非有子者，出焉不宜。」皆令從死，死者甚衆。⑨葬既已下，或言工匠爲機，臧皆知之，臧重即泄。大事畢，已臧，閉中羨，〔六〕下外羨門，盡閉工匠臧者，無復出者。⑩樹草木以象山。〔七〕

司馬遷と『史記』秦始皇本紀

画像は『三才図会』より。『史記』130巻の編纂者。始皇帝亡き後100年、前漢武帝の晩年に紀伝体の正史をまとめた。右は『史記』より地下宮殿の記述。中華書局版『史記』より。

始皇帝の地下宮殿の様子を具体的に語る貴重な証言は、司馬遷《しばせん》の『史記《しき》』巻六秦始皇本紀《ほんぎ》始皇三七年条に記されている。司馬遷は地下宮殿とはいわず、始皇帝を酈山《りざん》に埋葬したといい、酈山の様子を伝えている。同時代の秦の人びとは始皇帝陵とはいわず、自然の山岳の驪山《りざん》の北麓に人口的な山を築いたことから酈山（阝は都市を表す）と呼んでいる。司馬遷もそれにならっているが、本書では漢代以降のいい方で始皇帝陵と呼んでいく。

司馬遷が入手した始皇帝陵についての証言は一〇点ある。本書の課題の出発点になるので、以下列挙しておこう。

①始皇三七（前二一〇）年九月に始皇帝を酈山に埋葬した。

②始皇帝が秦王に即位したときから酈山を造営しはじめ、天下を統一してからは労働力と

して七〇余万人もの刑徒《けいと》を送り込んだ。
③三層の地下水脈まで掘り下げ、地下水が浸透しないように銅で塞《ふさ》いで椁室《かくしつ》を作り、そこに宮中や百官において珍重された器物を満たした。
④工匠に命じて器械仕掛けの弩《いしゆみ》を具《そな》え、近づく者に発射させるようにした。
⑤水銀で天下の河川と江河《こうが》（長江と黄河）と大海を模し、器械仕掛けで流れるように細工した。
⑥上には天文、下には地理を具《そな》えた。
⑦人魚の膏《あぶら》を灯《あか》りとし、いつまでも消えることがないようにした。
⑧二世皇帝が先帝（始皇帝）の後宮《こうきゅう》で子がなかった者を外に出すのはよくないとし、殉葬《じゅんそう》させ、多くの者が亡くなった。
⑨埋葬が終わると、つぎのように言うものがあった。工匠は器械を作ったので、埋蔵品のことを知っている、埋蔵品は貴重であるので、外に漏れたら大変であると。そこで中羨《ちゅうせん》門《もん》を閉じ、外羨門《がいせんもん》を下ろし、内部の秘密を知る工匠を閉じ込めた。
⑩草木を植えて山を象《かたど》った。
このなかで椁室に宮観《きゅうかん》と百官から珍奇な物を移送したこと、その埋蔵品を極秘にしようと

したことなどが語られているが、内容はいたって簡単である。皇帝の陵墓の内部の真相は機密であり、詳しくは語られない。本書の最大の課題は、始皇帝陵の地下宮殿の真相の解明であり、司馬遷の記述の真偽やそこに語られていない地下宮殿の真相をできるだけ探っていくものである。

一九七四年、始皇帝陵の東で兵馬俑坑《へいばようこう》が発見され、それ以降、始皇帝陵が墳丘の周辺の陪《ばい》葬坑《そうこう》、陪葬墓《ばいそうぼ》と一体であることが認識されるようになった。墳丘を囲む内外城とその外側まで含む全体の区域（境界は未発見）を陵園《りょうえん》という。陵園はかつて酈山園《りざんえん》（麗山園とも書く）といわれた。未発掘の地下宮殿の様子は、陵園全体との関係からとらえることができる材料が整ってきた。長年、兵馬俑坑の発掘に従事し、始皇帝陵の研究ではもっとも信頼できる袁仲一氏は著書の『秦始皇陵の考古発見と研究』（原題『秦始皇陵的考古発現與研究』陝西人民出版社、二〇〇二）のなかで地宮の真相に挑戦している。地宮の排水設備、埋蔵物、天文と地理の画像、水銀、棺椁《かんかく》、金縷玉衣《きんるぎょくい》、盗掘など多彩に論じている。本書の執筆においても参考になる部分が多い。

筆者は二〇〇八年以降、東海大学情報技術センターとの共同研究を進め、衛星画像を活用した始皇帝陵周辺の自然環境の復元を試みてきた（鶴間和幸・惠多谷雅弘監修、学習院大学

始皇帝陵の兵馬俑坑（1号坑）

1974年に発見され、1号、2号、3号兵馬俑坑には8000体もの等身大の陶俑が埋蔵されていると推定されている。（著者撮影）

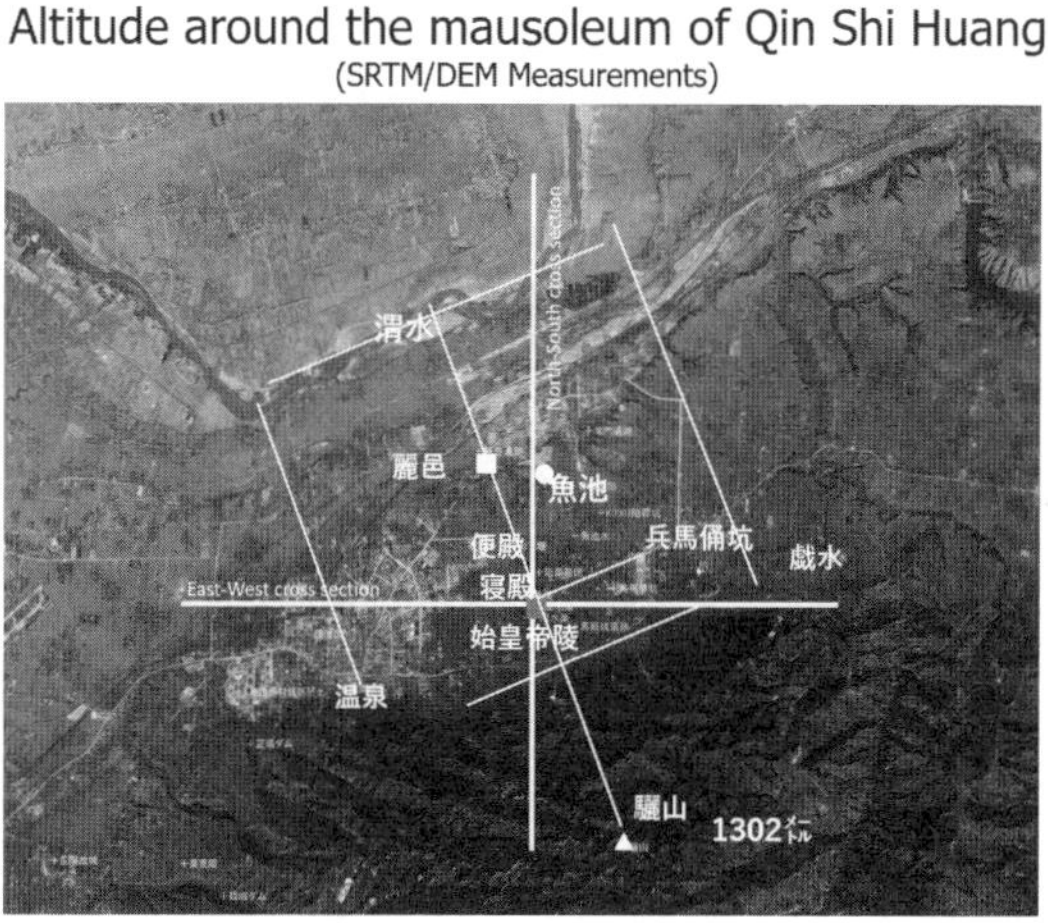

陵園全域図

北は渭水、南は驪山に挟まれた区域。（画像処理：東海大学情報技術センター）

東洋文化研究所・東海大学情報技術センター共編『宇宙と地下からのメッセージ』D-CODE、二〇一三)。そのなかで地下に眠る未知の地下宮殿についても新たな認識を得ることができた。最大の成果は、始皇帝陵が自然の驪山の山岳の北麓の斜面に位置し、そこは渭水《いすい》と驪山がもっとも接近した河岸段丘《かがんだんきゅう》上であり、西は温泉が湧出する華清池《かせいち》で知られる驪山温泉、東は戯水《ぎすい》という小さな河川の間の広大な地域(一〇キロメートル四方)に始皇帝の陵園が作られたということである。そこでは地下宮殿の具体的な構造や搬入された副葬品についてまでは明らかにしなかった。

地下宮殿の復元については、CGやイラストなどの画像の製作の監修を務めてきたが、それらはかならずしも十分なものではなかった(『Newton　はじめての完全再現　地下に眠る始皇帝の軍団』二〇〇六、NHKの始皇帝関連の番組)。漠然と水銀の河が流れ大海に注ぐ自然、始皇帝の遺体を収めた棺とそれをおおう椁室《かくしつ》、そして天井に広がる天文を描いてきたのである。地下の広大な空間の宮殿を見せることを優先し、当時の土木建築の技術ではどのような地下宮殿を築き得たのか、またそこに具体的に何を搬入した可能性があったのかまでは、実証的に考察するには至らなかった。

いま中国では、二〇〇二年以降、掘らずに地下宮殿を探る研究の時代に入っている。リモ

始皇帝の墓室の復元

Newton2006年4月号「はじめての完全再現　地下に眠る始皇帝の軍団」掲載時の様子

ートセンシングを中国語で遥感《ヤオカン》という。始皇帝陵の地下宮殿を遥感考古《ようかんこうこ》の視点で探《さぐ》っていくプロジェクトである（国家高技術研究発展計画〈八六三計画〉・中国地質調査局聯合資助、劉士毅主編、呂国印・段清波・袁炳強副主編『秦始皇陵地宮地球物理探測成果與技術』地質出版社、二〇〇五）。地下宮殿の空間が地下に保たれているが確認できたのは、大きな成果である（口絵3参照）。墓室とそれをめぐる地下宮殿の大きさや地下の深さがわかってきた。始皇帝の遺体がいまでも残されているかもしれない、未知の副葬品の数々が歴史を変えるかもしれないという夢を私たちに与えてくれた。

本書は、地下宮殿の構造と埋蔵品の可能性

を具体的に探るのが主題であり、そのためにすでに発掘された始皇帝陵の陪葬坑や秦漢時代の墓葬との比較という手法をとることにした。始皇帝の兵馬俑坑の発掘（一九七四年）、湖北省雲夢県《うんぼうけん》での睡虎地秦墓《すいこちしんぼ》の発掘（一九七五年）はもちろん、一九七二年に発掘された湖南省長沙市《ちょうさし》の馬王堆一号漢墓《まおうたいいちごうかんぼ》とその後の二号、三号漢墓は大変参考になる（湖南省博物館・中国科学院考古研究所編『長沙馬王堆一号漢墓』上集・下集、文物出版社、一九七三 他）。同じ文化大革命（一九六六〜一九七六）中の考古成果として、とくに腐乱せずに残された遺体は衝撃的であった。未発掘の始皇帝陵の地下宮殿の様相を再現するには、非常に参考になる。遺体が残るほど地下深くに密封した墓室を作る技術、とくに馬王堆《まおうたい》三号漢墓に残された絹に書かれた帛書《はくしょ》の書籍群、始皇帝の死の直後のものであるだけに、まだ見ぬ始皇帝の地下宮殿の書籍群の存在を確信することができるのである。不思議なことに、秦の地方官吏の墓から大量の竹簡《ちくかん》文書が出土しながらも、中央の都咸陽《かんよう》や始皇帝陵周辺では竹簡文書の出土は皆無である。始皇帝は地下宮殿に大量の行政文書や書籍を搬入したはずである。始皇帝は毎日文書決裁の分量を重量で計り、それをこなさなければ休息しなかったと伝えられる。その可能性も本書で探っていきたい。

　本書の第一章「始皇帝の地下帝国」では、未知の地下宮殿の考察はまずは保留し、すでに

湖南省長沙馬王堆1号漢墓の遺体（1978年8月湖南省博物館にて著者撮影）

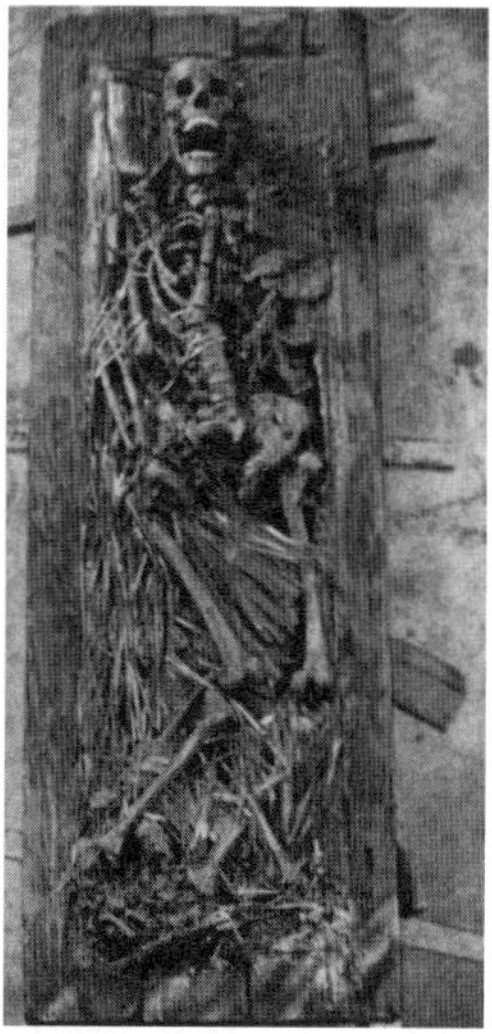

湖北省雲夢県睡虎地11号秦墓の遺骸と竹簡
（『雲夢睡虎地秦墓』）

発掘された地下宮殿周辺の陪葬坑、陪葬墓の意味を、死後の始皇帝に奉仕する陵園全体の壮大な自然環境から今一度とらえ直す。地下宮殿に収めないはずのものが陪葬坑、陪葬墓に収められていることを探った。引き算すれば、最後に墓室を含む地下宮殿の埋蔵品を明らかにできる。始皇帝は独自の地下世界の構築を目指したのである。

第二章「小さな地下世界」では、始皇帝陵にも通ずる小規模な秦墓（睡《すい》虎《こ》地《ち》秦墓ならびに咸陽周辺の小型秦墓群）の地下世界を明らかにする。小さなミニチュアの世界から、始皇帝陵の等身大の大きな世界が誕生する意味を考える。兵馬俑に象徴される等身大の地下世界は、始皇帝によって突然はじまり、始皇帝だけで終わった。さらに南方長江流域の睡虎地《すいこち》秦墓では竹簡文書を棺に収めたが、北方の咸陽周辺秦墓や始皇帝陵の陪葬坑、陪葬墓にはまったく文書類が見当たらない。残された始皇帝の地下宮殿にこそ大量の行政文書や書籍類が収まっている期待が高まってきた。

第三章「地下の小さな図書館」では、馬王堆《まおうたい》漢墓のように地下深く密封された墓室（棺椁）を作ることができたので、遺体は腐乱せず、絹地に書かれた書籍など埋蔵品も多く残された。埋蔵品は実に丁寧に梱包され、地下に収められた。始皇帝陵の地下宮殿や墓室に収められたものを推測するうえで貴重な材料を提供してくれる。文化大革命中の秦兵馬俑坑、睡虎地《すいこち》秦墓、馬王堆《まおうたい》漢墓の大きな発見が、いま改めて相互に密接な関係にあったことを認識した。

第四章「地下宮殿の構造」、第五章「地下宮殿の埋蔵品」、第六章「始皇帝の墓室」で以上の考察をふまえて本書のクライマックスに入っていく。まだ誰も見ぬ地下宮殿の世界をはじめて解明する。墓道を四本もつ最高級の墓葬形式であり、地下宮殿の中心に黄腸題湊《こうちょうだいそう》の墓室をもち、そして墳丘内にも陪葬坑がある構造を指摘する。司馬遷が『史記』に残した記述を再検証する。埋蔵品は想像を超えたものになるが、始皇帝の遺体とその周辺には何を残したのであろうか。

目次

◆はじめに　2
第一章　始皇帝の地下帝国　15
第二章　小さな地下世界　43
第三章　地下の小さな図書館　77
第四章　地下宮殿の構造　117
第五章　地下宮殿の埋蔵品　151
第六章　始皇帝の墓室　179
◆おわりに　198
◆参考文献　205

第一章

始皇帝の地下帝国

地下宮殿の収蔵品の謎

前二一〇（始皇《しこう》三七）年、始皇帝《しこうてい》が巡行《じゅんこう》の途上、もとの戦国趙《ちょう》の離宮であった沙丘《さきゅう》の地で亡くなり、その遺体は死の事実を隠したまま都咸陽《かんよう》まで轀輬車《おんりょうしゃ》（冬温かく夏涼しい車の意味）で運ばれた。その後、始皇帝の喪《も》が公表され、遺体が埋葬されることになった。司馬遷《しばせん》は、即位直後から建設してきた地下宮殿の様子を「三泉《さんせん》を穿《うが》ち、銅を下ろして椁《かく》を致し、宮観《きゅうかん》・百官《ひゃっかん》の奇器《きき》珍怪《ちんかい》を徙《うつ》して臧《おき》て之《ここ》に満す」と『史記《しき》』秦始皇本紀《しんしこうほんぎ》始皇三七年条に記している。三層の地下透過層（深いことの表現、実際には地下三〇メートルほどとリモートセンシングの調査でわかっている）まで掘り下げ、銅で棺を収める椁室《かくしつ》を塞《ふさ》いで地下水の浸透を防ぎ、そこに宮殿や百官から運んだ珍しい珍奇な品々を収めたという。

「宮観・百官の奇器珍怪」とは具体的に何を指すのか、もちろん発掘されていないのでわからない。宮観とは始皇帝が出入りしていた宮殿や離宮であり、咸陽宮以外にも咸陽周辺二〇〇里内（一〇〇キロ弱）には二七〇もの宮観があったと伝えられる。函谷関《かんこくかん》から西の関中《かんちゅう》全体では三〇〇にのぼったという。その咸陽周辺の宮殿の間を復道《ふくどう》（二階建ての通路）と甬《よう》道《どう》（塀で囲った通路）で連結し、そこにはそれぞれ帷帳《いちょう》（とばり）・鍾鼓《しょうこ》（編鐘《へんしょう》と太鼓）・美人（女官）を満たしており、それらを移動させることはなかった。宮観の観とは物見の高い

咸陽宮第一号宮殿遺址復元図（『秦都咸陽考古報告』）

建物をいう。前二一八年の第三回巡行では之罘《しふ》の「東観《とうかん》」を訪れている。之罘山《しふざん》から東の海を眺望する宮観を東観と呼んだ。宮殿とは別に楼観《ろうかん》という高層の建物も含めて宮観と呼んでいたのである。宮観に置いていた帷帳や鍾鼓や美人を地下宮殿に収めたことになる。

秦は東方の諸侯の国を破るごとに、その宮室を咸陽原《かんようげん》に再建し、復道と周閣《しゅうかく》（回廊）で連結させ、諸侯の美人と鍾鼓で満たした。ということは地下宮殿に収めた「宮観の奇器珍怪」には東方六国《とうほうりっこく》の宮殿から略奪した品々も含まれていたことになる。美人とは女官のことであり、さすがに生きた女官を地下に移すことはせずに、陶俑《とうよう》（粘土を焼いた陶製の俑）で代用したのであろう。始皇帝陵の墳丘の東北には女官と思われる女性の遺骸が発見されている。『史記』にもあるように二世皇帝は子のない女官を殺害して埋葬した。

宮観の具体的な名称は、本紀では咸陽宮（始皇二三年に酒宴を開催、皇帝の決裁の場所）のほかに蘄年宮《きねんきゅう》（旧都雍城《ようじょう》にあり、始皇九年に秦王の戴冠《たいかん》の儀を行った宮殿）、甘泉宮《かんせんきゅう》（咸陽の南宮、嫪毐《ろうあい》の乱後、秦王が太后《たいこう》を雍城から戻して住まわせた宮殿）、甘泉前殿《かんせんぜんでん》（極廟《きょくびょう》から酈山《りざん》〈始皇帝陵〉の間にあった宮殿）、阿房宮《あぼうきゅう》（始皇三五年に新たに建造した宮殿）、梁山宮《りょうざんきゅう》（始皇三五年、始皇帝が山上から丞相李斯《じょうしょうりし》の隊列を眺めた宮殿）、望夷宮《ぼういきゅう》（二世皇帝が涇水《けいすい》を祀《まつ》る前に身を清めた宮殿でのちに趙高《ちょうこう》が秦王子嬰《しえい》を殺そうとした宮殿）などが知られている。

始皇帝が亡くなれば宮観の主は不在となる。二世皇帝が始皇帝の宮観をすべて継承するわけではない。宮観の官吏の責任で始皇帝の遺品を地下宮殿に搬入した。

百官の奇器珍怪

一方、百官の奇器珍怪《ききちんかい》の方は、百官すなわち中央官や地方官の管轄の奇器珍怪であり、それは何を指していたのだろうか。そこには文書や書籍が含まれていたのだろうか。前二〇六年、沛公劉邦《はいこうりゅうほう》の軍団が項羽《こうう》よりもいち早く咸陽城に入ったときには、宮室と府庫《ふこ》を封印して手をつけなかった。蕭何《しょうか》は秦の丞相《じょうしょう》と御史大夫《ぎょしたいふ》の役所にあった「律令《りつれい》や図書」を回収し、それによって天下の地形、戸口の多少（人口統計）、土地の強弱、人民の疾苦《しっく》の情況など知り、統治に役立てた（『史記《しき》』巻五三蕭相国世家《しょうしょうこくせいか》）。蕭何の得た情報は、のちに楚王《そおう》項羽との楚漢戦争に入ったときに、漢王劉邦側を後方支援するために役立てられた。このとき遅れて関中《かんちゅう》に入った項羽の方は秦の宮室を焼いて子女を捕らえ、「珍宝貨財《ちんぽうかざい》」を奪って仲間の諸侯と分配したという。秦の都には宮殿に財宝がある一方、丞相府《じょうしょうふ》や御史府《ぎょしふ》などの官庁には行政文書があった。始皇帝陵の地下に埋蔵したという「宮観・百官の奇器珍怪」も、項羽が略奪したような宮殿の珍宝と、蕭何が回収したような行政府（百官）にあった「律令と図書」が含まれていたと考えられる。

始皇帝陵の地下宮殿は未発掘なので、どのようなものを埋蔵してあるのかわからない。長年、兵馬俑《へいばよう》を発掘してきた袁仲一氏は百官の意味を離宮別館の館としているが（『秦始皇帝陵兵馬俑坑研究』文物出版社、一九九〇）、始皇帝陵周辺を発掘してきた段清波氏は、宮観は皇宮《こうきゅう》、百官は中央政府の管理機構（三公九卿《さんこうきゅうけい》）と解し、宮観と百官の奇器珍怪を運び入れたことは、墳丘直下の地下宮殿にとどまらず、現在まで陵園《りょうえん》全体に確認される一八四もの陪《ばい》葬坑《そうこう》にも収めたということだとした。そして地下宮殿の方は皇帝の秘密の空間であり、皇帝の遺体と個人の生活とゆかりのある珍奇の器物だけを収めたと考えた（『秦始皇帝陵園考古研究』北京大学出版社、二〇一一）。それまでの墓葬は地下の墓室にあらゆる副葬品を収めたが、始皇帝の場合、地下宮殿と陪葬坑に分置したという。しかし百官も地下宮殿に珍奇な物資を献上しただろうし、百官自体が地下に陪葬坑として配置されていたのかは、疑問が残る。

ところが現在まで発掘された陪葬坑には簡牘《かんとく》類の文字文献は一切出土していない。とすると、始皇帝が個人的に愛好した書籍や行政文書は中央の地下宮殿に収蔵されている可能性がある。唐《とう》の二代皇帝の李世民《りせいみん》(在位六二六～六四九)が東晋《とうしん》の書家で書聖《しょせい》と呼ばれた王羲之《おうぎし》(三〇七頃～三六五頃、三〇三～三六一諸説あり)の書をみずからの陵墓に埋蔵するように遺言したと伝えられている。蘭亭序《らんていじょ》(三五三年、会稽《かいけい》郡太守《たいしゅ》の王羲之が名士を集めて曲水《きょくすい》の宴を開いて作詩させた詩集の序文)の真件《しんけん》(真跡《しんせき》)は太宗《たいそう》(李世民)の陵墓の昭陵《しょうりょう》に収められているはずであり、臨書《りんしょ》ではなく原本から直接写し取った精巧な模本《もほん》が現存しているのではないかと考えられている(『特別展　書聖王羲之』二〇一三)。始皇帝の愛読書の書籍簡も地下宮殿には残されているかもしれない。

現在まで秦代の墓葬で簡牘の文字文献が出土しているのは、地方官吏の墓に限られる。皇帝の陵墓にも文字文献は収蔵されていなかったのだろうか。それは考えられない。始皇帝陵の地下宮殿に書物が埋蔵されていると仮定し、収められているとしたらどのような簡牘が収められているのか検討することを、今後の課題としたい(小澤正人「地下の文書館を掘る」『地下からの贈り物　新出土資料が語るいにしえの中国』東方書店、二〇一四)。

宮観と百官から地下宮殿に奇器珍怪は運び入れられた。それは宮観と百官の官吏の責任の

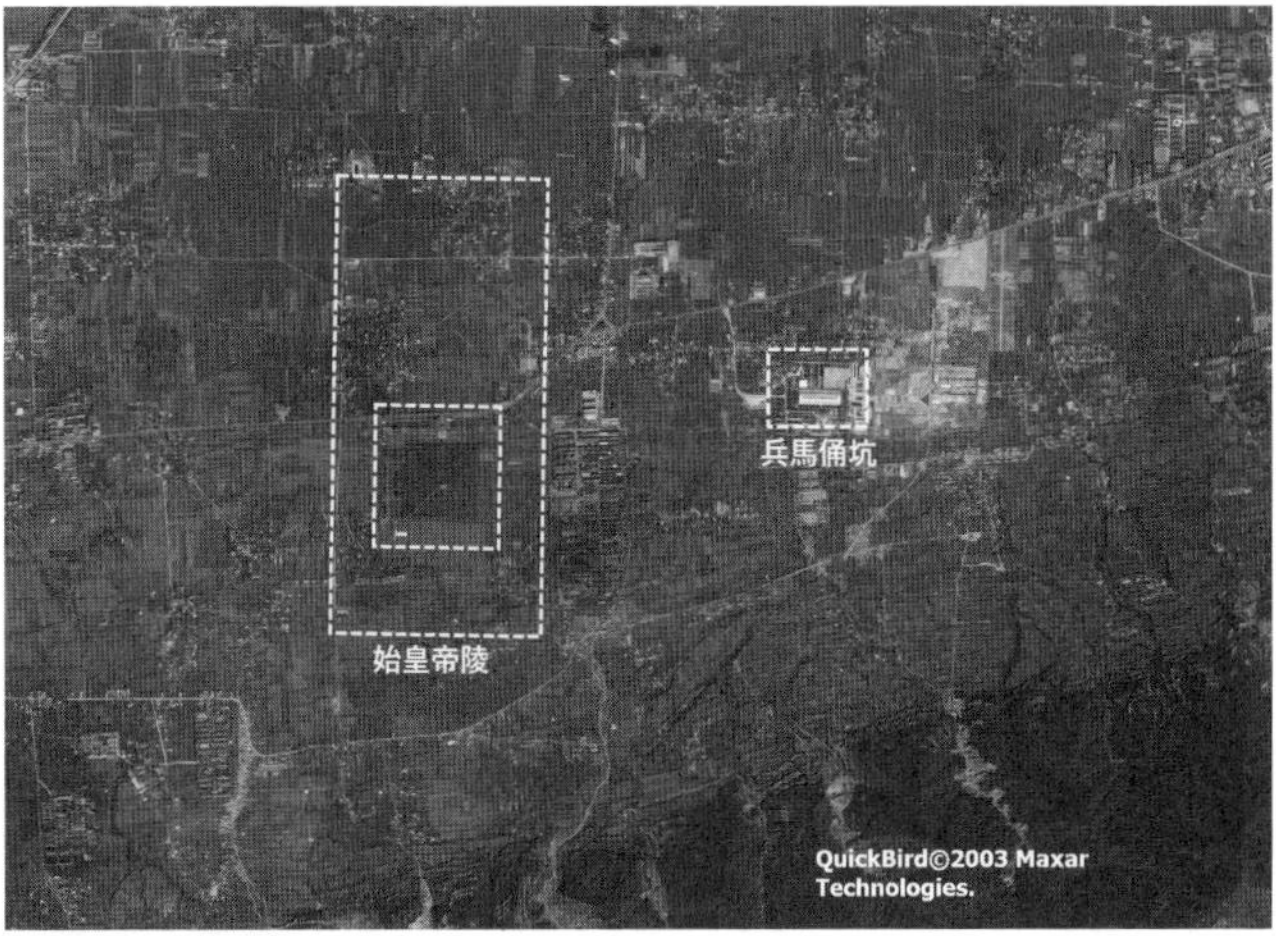

始皇帝陵と兵馬俑坑

始皇帝陵は二重の城壁に囲まれている。（画像処理：東海大学情報技術センター）

もとに梱包して厳格に運び入れられたはずである。奇器珍怪とはいうものの、始皇帝の地下世界の生活に必要な品々が全国の宮観と百官から集められたに違いない。

始皇帝陵の陵園

始皇帝陵の墳丘は二重の南北に長い長方形の城壁に囲まれている。いまでも一部分、版築《はんちく》（木版の間に土を挿入して上から叩き、何層にも重ねていく工法）の城壁を確認できる。あたかも死後の皇帝のための地下世界も城郭《じょうかく》の都市のなかに保護されているかのようである。ギリシャやローマのネクロポリス（ネクロは死、ポリスは都市）は死者の都といわれる巨大な墓地群で

始皇帝陵園の遠景（Landsat画像）（画像処理：東海大学情報技術センター）
咸陽から東を眺望、北の渭水と南の驪山に挟まった地に始皇帝陵が置かれた。東陵は始皇帝の父荘襄王、曽祖父昭襄王（昭王）の陵墓の区域。

あるが、そこにわざわざ墓地を囲むような城郭を築くことはなかった。筆者も訪れたことがあるトルコのパムッカレ遺跡は、石灰岩の丘陵上にローマ時代の円形劇場などの建築があり、その近くに一〇〇〇以上の廃墟《はいきょ》となった墓群が道路に面して見える。丘陵下の自然が織りなした石灰岩の棚田《たなだ》を流れる温泉水の美しさは忘れがたい。

始皇帝陵の陵園《りょうえん》の場合は、都市と同様の城郭をわざわざ築いているので、文字通りのネクロポリスといえる。現代中国語の地宮《ちきゅう》ということばを地下宮殿と訳しているが、二重の内外の城壁の外側まで含める広大な地域を陵園と呼んでいる。南北に長い長方形の内城の大きさは、南北一三五五メートル、東西五八〇メートル、外城の大きさは、南北二キロ強（二一六五メートル）、東西一キロ弱（九四〇メートル）、外城外には境界はないが、北は渭水《いすい》の南岸、南は驪山《りざん》の北麓《ほくろく》、西は驪山温泉、東は戯水《ぎすい》の自然に囲まれた一〇キロ四方が始皇帝のネクロポリスであった。

驪山の山頂は標高一三〇二メートル、ここから始皇帝陵、麗邑《りゆう》（統一前の始皇十六〈前二三一〉年に着工、始皇三五〈前二一二〉年に三万家を移し、陵墓を守る都市とした）と結び渭水に至る線を東西に広げるとほぼ十キロ四方の正方形となる。陵園の境界は渭水と驪山山麓の自然の景観であり、あえて城壁で区切る必要はなかった。始皇帝陵の内城の南門付近からは、驪山山麓の東西の端を確認できる。

陪葬坑

生前仕えた生身の百官（官吏）の方は始皇帝とともに殉死《じゅんし》させられることはなく、生き写しのような等身大の陶俑《とうよう》に換えられた。これを百官俑《ひゃっかんよう》と呼んでおこう。百官俑は、文官俑坑にみるように、地下宮殿の外の地下陪葬坑《ばいそうこう》に埋蔵された（段清波「皇帝理念下の秦始皇陵園」、張衛星「秦始皇帝陵陪葬坑に関する新研究」ともに『宇宙と地下からのメッセージ～秦始皇帝陵とその自然環境』D－CODE、二〇一三）。百官俑の陪葬坑は百官と皇帝との距離に応ずるかのように四ヵ所に分かれていたとも考えられる。墳丘直下は未発掘で未確認ではあるが、地下宮殿の百官俑がもっとも皇帝に近く（Ⅰ）、内城内の墳丘に隣接する陪葬坑の百官俑がそれにつぎ（Ⅱ）、内城と外城の間の陪葬坑（Ⅲ）、外城外の陪葬坑（Ⅳ）にも百官俑が埋められていた。

銅車馬坑や文官俑坑（K〇〇〇六：Kは坑（keng）の頭文字、数字は二〇〇〇年六番目の発掘のこと）はⅡの位置にあり、石鎧坑《いしよろいこう》（K九八〇一）、百戯俑坑《ひゃくぎようこう》（K九九〇一）、曲尺形《きょくしゃくけい》馬厩坑《ばきゅうこう》、珍禽異獣坑《ちんきんいじゅうこう》はⅢ、水禽《すいきん》（水鳥）坑（K〇〇〇七）、動物坑、上焦村馬厩坑《じょうしょうそんばきゅうこう》、兵馬俑坑はⅣの位置にある。これらの陪葬坑の百官を皇帝をとりまく中央官庁名に置き換えれば、Ⅰには郎中令《ろうちゅうれい》（宮殿の宿衛官）、宗正《そうせい》（皇族管理官）、太尉《たいい》（軍事）、丞相《じょうしょう》（行政）、御史大夫《ぎょしたいふ》（副丞相）に相当する百官俑が配置されている可能性が高い。地下宮殿は中央の棺槨《かんかく》の墓室部分と、その周囲の宮殿の回廊部分に分かれていたと考えると、前者に女官俑、後者に百官俑が配置されているはずである。Ⅱの銅車馬坑の青銅の御者俑《ぎょしゃよう》は太僕《たいぼく》（車馬管理官）所属の武官であり、文官俑坑の陶俑は廷尉《ていい》（最上位の裁判官）管轄の文官であると推測されている。Ⅲには内城の宮殿を守る軍隊の馬厩や石鎧（武器庫）がみられる。曲尺形馬厩坑の圉官俑《ぎょかんよう》（圉は馬の飼育人）は、冠をかぶった百官俑の一つである。陵の西側の跪座俑坑《きざようこう》の跪座俑は無冠であり、珍禽異獣坑の珍獣を飼育する下級官人の俑である。無冠の官吏も百官に含めて

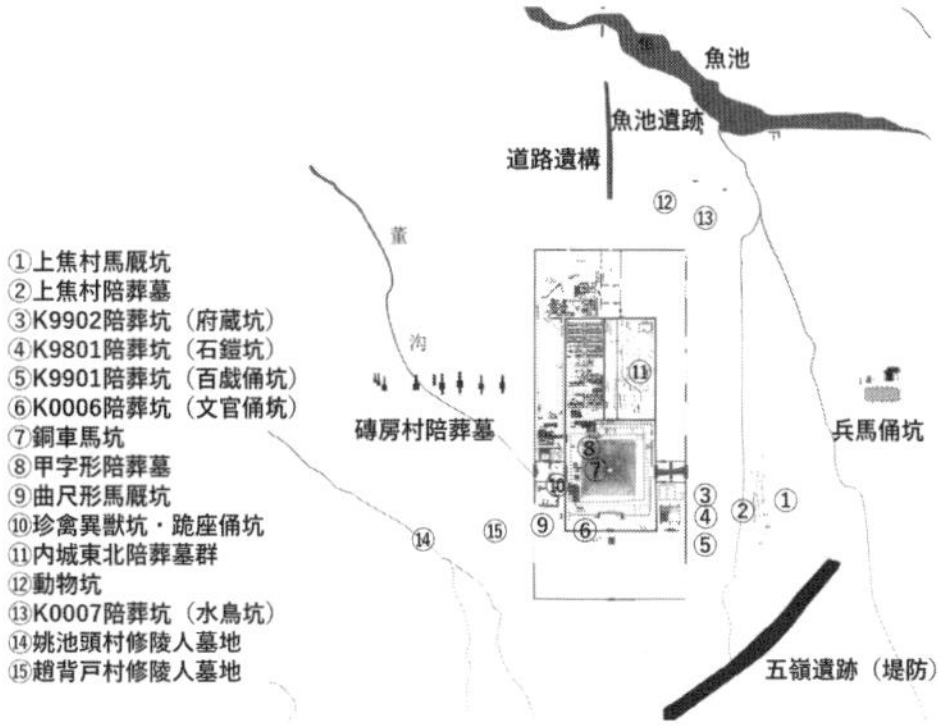

陪葬坑と陪葬墓（『秦始皇帝陵兵馬俑坑研究』）

よい。動物が陶製の棺に鄭重《ていちょう》に収められ、地下の墓室に埋まっている。御苑で飼育されていた貴重な動物であったのだろう。百戯俑坑の陶俑は、芸能者であり、かれらも百官に属していた。Ⅳの兵馬俑坑は外城の外にあり、首都警備の中尉の軍隊の軍官と兵士の軍である可能性が高い。中尉《ちゅうい》軍の馬厩も地下に設けられ、馬厩坑からは跪坐俑が出土している。

北に向いた陵園

兵馬俑坑が発見されて、地下の兵士が東方を向いた軍陣であることが注目された。始皇帝陵の外城から東に一・五キロメートルも離れた位置に置かれた、始皇帝を守る地下の軍団は、統一戦争で敵軍となった東方六国に向いていると考えられた。秦の都咸陽を守る防衛ラインは渭水に沿った東西方向の道路であり、函谷《かんこく》関《かん》は東方への守りの拠点であった。このことは始皇帝陵の陵園全体の方向性にもかかわり、陵園は東が正面であるとする意見が強い。始皇帝陵の影響を受けた前漢皇帝陵は明らかに西端に皇帝陵が位置し、東に皇后陵、陪葬墓、陵邑が並ぶという構造となっている。陵園はたしかに東向きといえる。

しかし始皇帝陵の場合、大きな疑念が生ずるのは、墳丘がなぜ長方形の内外城の中央に置かれず、南側に偏っているのかという点である。中央にあれば、ほぼ正面に兵馬俑坑、後方に大型陪葬墓群が位置し、兵士と高級官吏に東西を守られた構造となる。墳丘が南に偏っているため、内城北部の空間は、二つに不整形に区切られ、西側が便殿遺址《べんでんいし》（始皇帝の霊魂を祭祀する地上の建築遺構）、東側が内城内の陪葬墓群（女官の埋葬地）となっている。筆者は不整形の理由を王陵から出発し、天下統一を実現してから皇帝陵へプランを切り替えていったことに求めたこともある（鶴間和幸「始皇帝陵建設の時代―戦国・統一・対外戦争・内乱―」『秦帝国の形成と地域』汲古書院、二〇一三）。

陪葬坑・陪葬墓と始皇帝の眠る墓室との遠近距離によってその重要度を測ることはできる。近ければ近いほど始皇帝との関係が密であるということである。しかし兵馬俑坑を別とすれば方向は一見乱雑に見える。私たちは東海大学との共同研究で、別の角度からその立地情況を探ることができた（惠多谷雅弘・鶴間和幸・中野良志・岩下晋治・小林次雄・村松弘一・黄暁芬・段清波・張衛星「衛星データを用いた秦始皇帝陵の陵園空間に関する一考察」『中国考古学』第十四号、二〇一四）。陵墓は驪山北麓の斜面に位置しているので、驪山から渭水に向かう地下の水土環境と関係があるということが見えてきた。陪葬墓・陪葬坑はけっして乱雑に配置したわけではない。始皇帝の遺体との距離だけではなく、南北方向の傾斜地のどこに配置したら適切であるのか、綿密に配慮していたと考えられる。

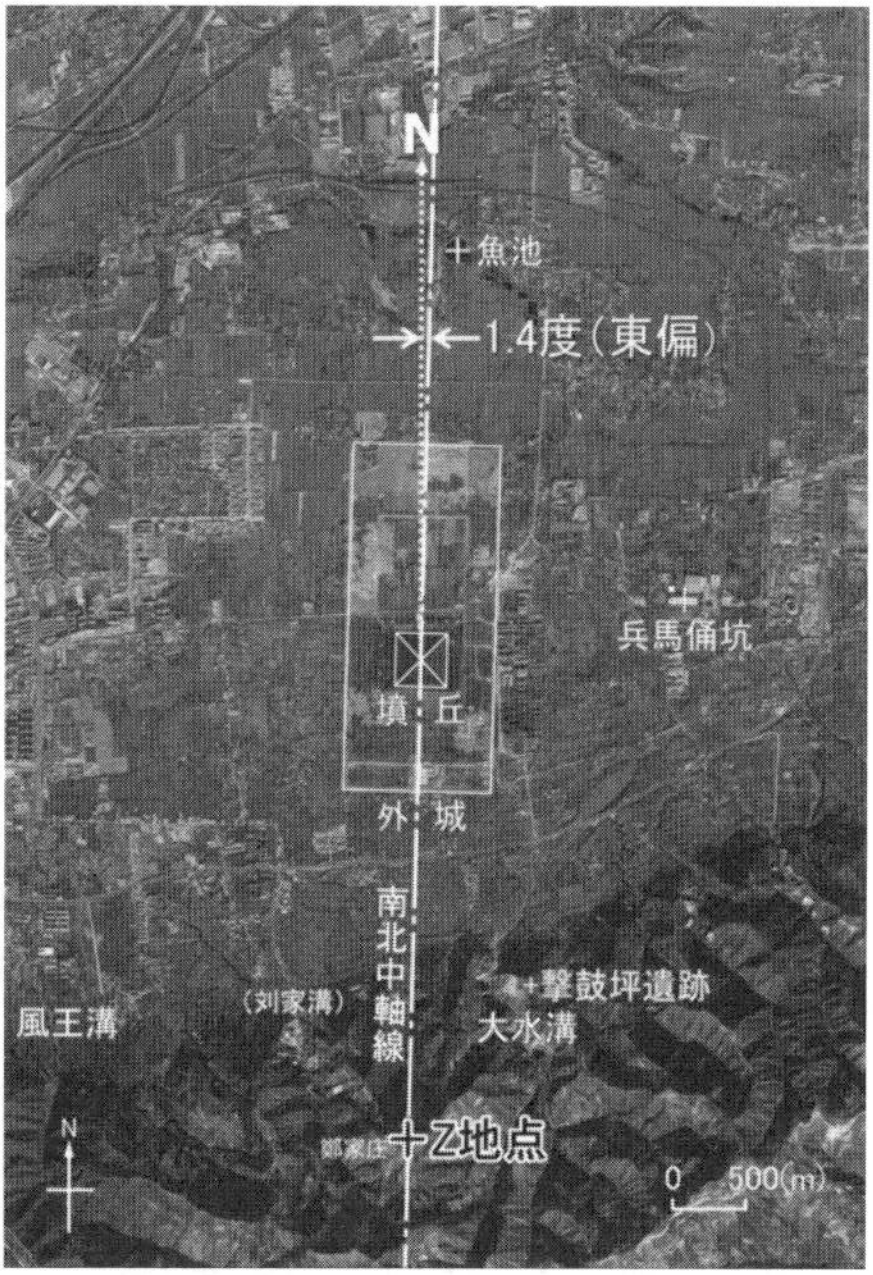

始皇帝陵の南北軸線（画像処理：東海大学情報技術センター　データ：CORONA（©NASA））

　東海大学情報技術センターは複数の衛星画像のデータから始皇帝陵の超高精細四K三次元映像を作り、地上の調査では不可能なさまざまな角度から鳥瞰《ちょうかん》することで始皇帝陵と驪山の位置関係を探った。外城の西壁面の南北線を始皇帝陵の墳頂まで平行移動させると、驪山北麓の一〇五九メートルの尖峰と重なった。鄭家荘《ていかそう》の聚落《しゅうらく》の中国語の頭文字をとってZ地点と命名した。Z地点は始皇帝陵からも目視できるし、Z地点からも始皇帝陵を目視できた。驪山山頂は始皇帝陵からの視界から隠れてしまった。興味深いのは、外城の南北線と墳丘・Z地点の南北線はともに真北《しんぼく》方向ではなく、東に一・四度傾いていたことである。東偏《とうへん》の南北線は、雍城の秦公墓や、東陵の秦王陵、始皇帝陵の陪葬坑でも確認できるので、当時の北極星（現在はこぐま座の尾の先のα星が北極星、頭の位置のβ星が当時の北極星。地球の軸は二六〇〇〇年周期で揺れているので、その時点の天の北極にもっとも近い星が北極星となる）からの測量値であろうと考えられる。共同研究者の東海大学の惠多谷雅弘氏はさらに当時の南北線から直角に割り出した東西線の断層の地形を衛星画像からいくつも判読した。私たちは一部現地で確認した。南北の地形断面にこの断層面を加えた図から、斜面を整地しながらまず水平面を造成し、最南端に始皇帝陵の墳丘を置き、斜面を下る空間の六つの造成地に陪葬墓・陪葬坑などを配置しているのではないかと判断した。南北に長い長方形の城壁も、一部再現された場所があるが、段差のある城壁となっている。どこにどの陪葬坑・陪葬墓を配置するのかは、始皇帝との政治的な距離と、地勢

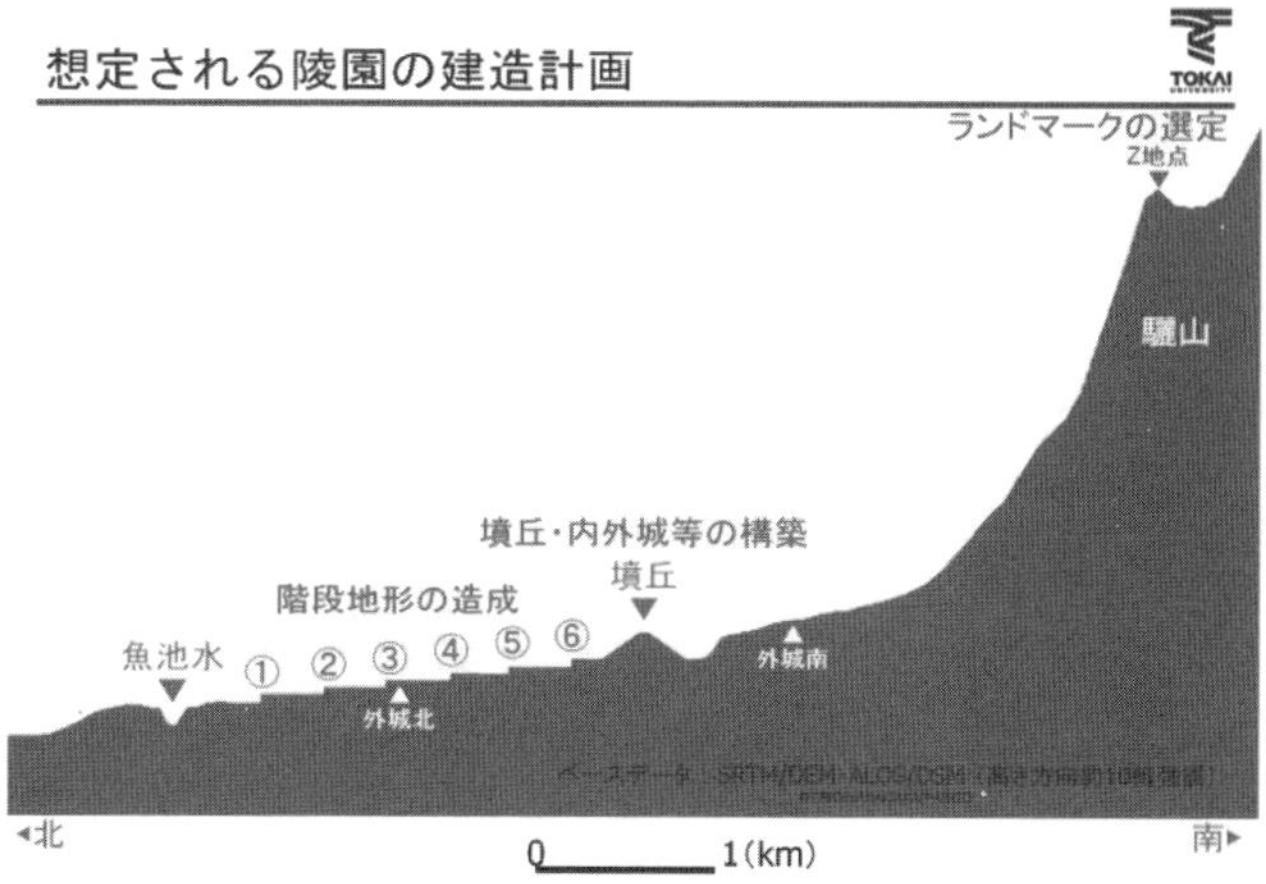

驪山と始皇帝陵断面図（画像処理：東海大学情報技術センター）

的な適合性とを加味しているのである。新たな視点から陵園の施設の配置情況を再認識できる。

陪葬坑・陪葬墓の適正な配置

始皇帝陵墳丘付近の地形の等高線を見ると、墳丘は全くの平地に山を築いたのではないことがわかる。驪山北麓の斜面の土を切り出して築いたのであるから、墳丘の中にピラミッド状の土台を検知したのも納得できる。私たちはエジプトのピラミッドと始皇帝陵の比較研究も試みてきた。筆者自身、二度現地調査に参加した。ナイル川の河岸段丘の基盤の上に切り出した石灰岩を方錐台に積み上げていく。

水鳥坑では青銅製の白鳥、ツル、マガンが等身大で水辺に並べられ、そこに官吏俑が配置された。このような水の流れる施設は地下宮殿の内部ではなく、水辺にふさわしい墳丘の北に独立した陪葬坑として配置された。その地上には魚池があり、驪山の北麓から流れた小さな河川が注ぎ込む場所となっている。水鳥坑は実際に河川の流れる陵園の段丘上に置かれた。墳丘の南側には墳丘と同じ段丘上に動物を埋葬している墓地がいくつかある。陪葬坑とは物を収める坑、陪葬墓とは人間を埋葬する墓をいい、動物の埋葬の場合は物として扱い、墓ではなく陪葬坑に分類しているが、秦人の動物への想いを考えると動物葬と言った方がよい。動物俑を収める所は陪葬坑であり、水鳥坑がそうである。

馬厩坑（馬葬墓）・珍禽異獣坑（動物葬墓）

馬厩坑《ばきゅうこう》は馬俑を収めた坑ではなく、馬葬墓《ばそう》である。馬厩《うまや》を地下に再現したものでもないので誤解を与える。椁室をもつものもあり人間と同じように馬を埋葬した墓地である。

珍禽異獣坑も動物俑を収めたものではなく、陶器の棺に収められているので動物葬墓である。陵園内の馬葬墓や動物葬墓は驪山の北麓の斜面に近く、陵園内では最上の位置にある。始皇帝陵の外城外東の馬葬墓（上焦村《じょうしょうそん》馬厩坑《ばきゅうこう》と呼ばれてきたもの）は始皇帝の公子たちを埋

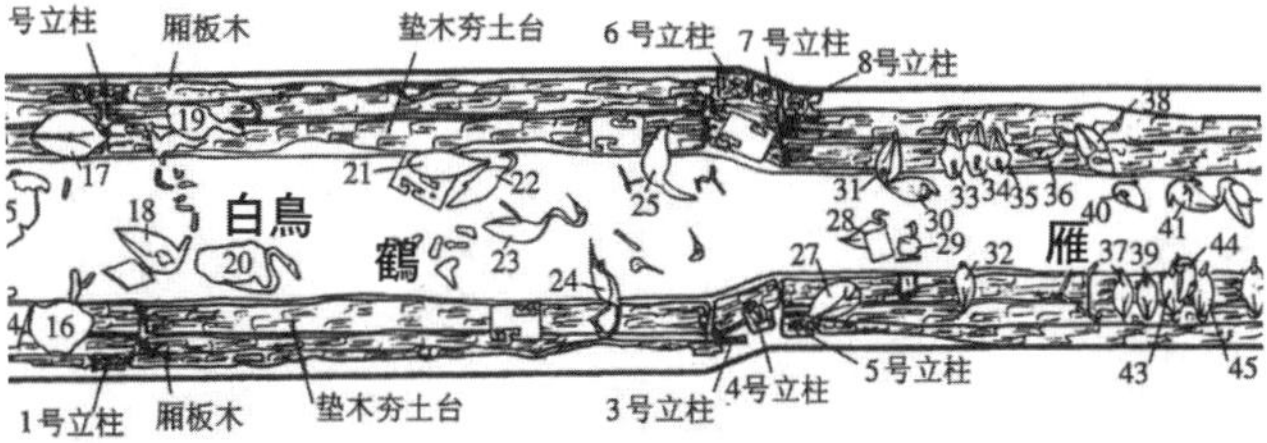

水鳥坑（『秦始皇帝陵園考古報告 2001～2003』）

水鳥坑の断面
中央の低い所は河川。
その両側は岸を再現している。

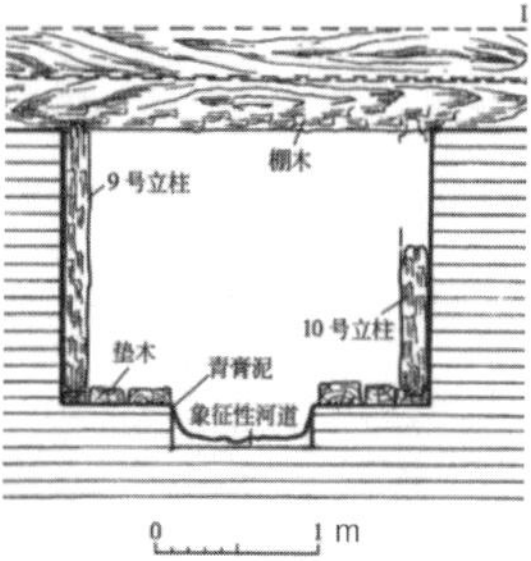

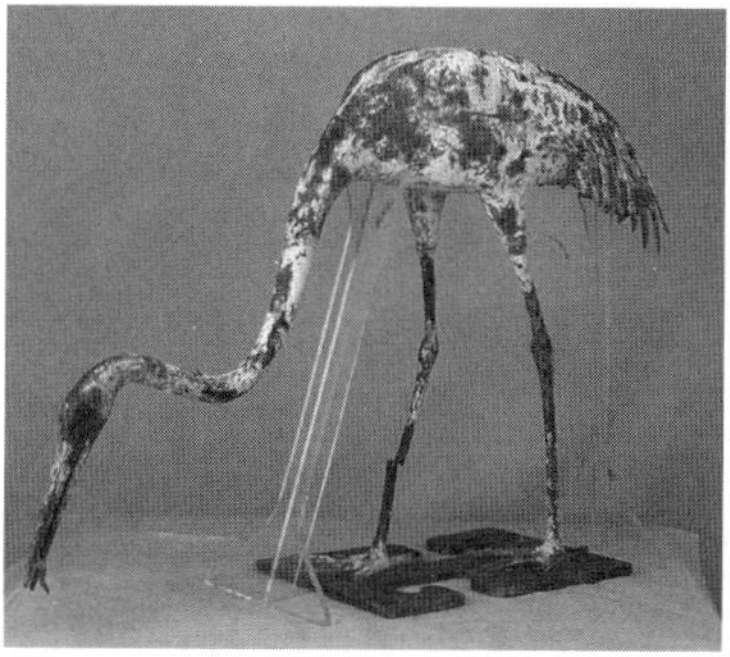

鶴（タンチョウツル）

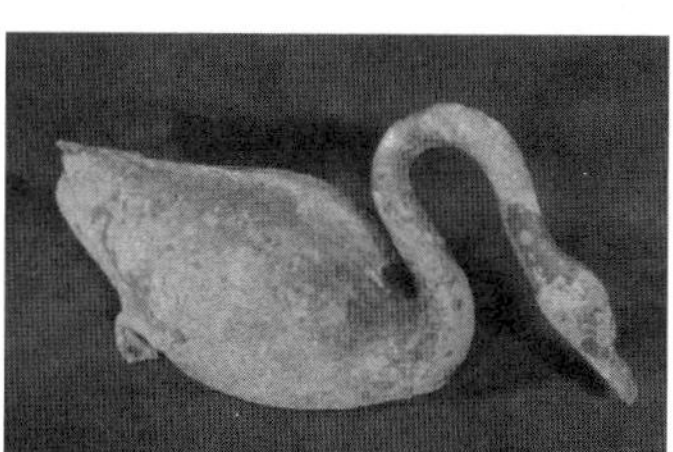

白鳥（ハクチョウ）

雁（マガン）

曲尺形馬厩坑出土圉官俑　高さ1.8m
真馬に寄り添った陶俑

葬した上焦村墓の東隣に並んでいる。馬厩坑と秦の貴人墓が並んでいることに違和感があったが、貴人墓と馬葬墓が並んでいることであれば納得できる。秦がいかに馬を尊重したのかがわかる。

上焦村馬厩坑では、馬だけを埋葬した馬坑と、馬に跪座俑を添えた俑馬同坑と、跪座俑だけの俑坑の三種類がある。真馬を尊重するために、等身大より若干小さい飼育人の陶俑を添えることが行われた。棺に収められた動物坑でも同じ跪座俑が添えられているから、動物の死後も地下世界で飼育していこうという秦人の感情を読み取ることができる。

馬も兵士もすべて陶俑を収める兵馬俑坑も、等身大の馬俑と兵士俑の組み合わせは、馬葬墓の発想からきている。城内の曲尺形馬厩坑では三頭ごとに鄭重に木椁に収められていた。馬の口のなかに青銅の刀が発見され、殺されてから埋葬したものである。馬の頭は秦の故郷の西方を向けられていた。ここでは飼育人の跪座俑ではなく、戴冠した官吏の等身の立人俑が発見され、武器を持った武士と厩を管理した官吏の俑である。兵馬俑坑の兵士俑や、文官俑坑の官吏俑にもつながる。真馬に寄り添った等身大の陶俑であり、ここから兵馬俑坑の等身大の俑坑単独の発想が生まれてきたのであろう。

墳丘西の内外城の間に十七の珍禽異獣坑と十四の跪座俑が組になって南北に並んでいる。これも珍禽異獣葬であり、一体一体の動物が瓦棺（陶器製の棺）のなかに収められていた。骨格から鹿などの草食動物だと見られている。跪座俑は無冠の動物の飼育人である。これとは別に、墳丘北の水鳥坑の近くにも動物坑があり、動物葬といってもよい。十数種類の鳥、禽獣、魚類、鶏、豚、犬、獺《かわうそ》の類いであるという。棺には収められていない。魚池が近いので、そこで飼育されていた動物たちの墓だろうか。

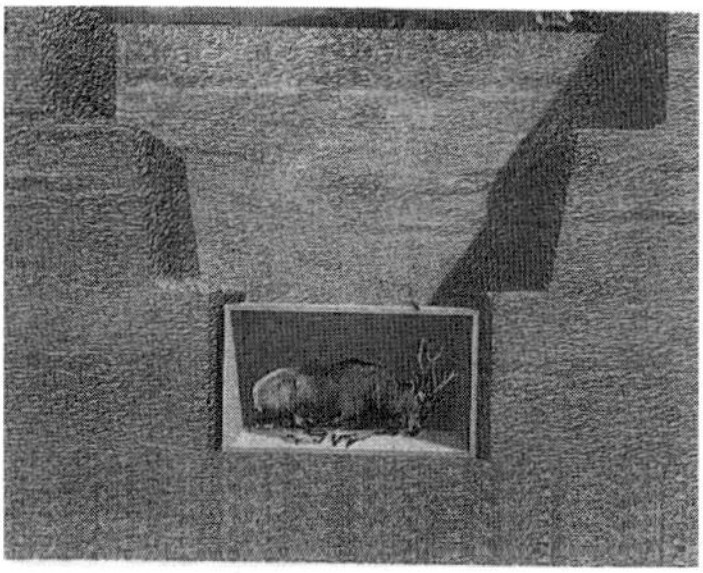

珍禽異獣坑の復元図（『秦始皇與兵馬俑』）

文官俑坑（K〇〇〇六陪葬坑）

墳丘南側の内城内の場所はK〇〇〇一とK〇〇〇二の陪葬坑があるが未発掘である。墳丘西南に位置する（本来の墳丘に接している）K〇〇〇六だけが発掘され、等身大の文官俑八体と御者俑四体、木車二輌そして真馬数十頭が発見された。ここでも真馬と車の大きさに合わせるために等身大の陶俑を配置した。腰に文官に必携の砥石《といし》と小刀を下げているので、

馬や動物の世話をする
役人の跪座俑

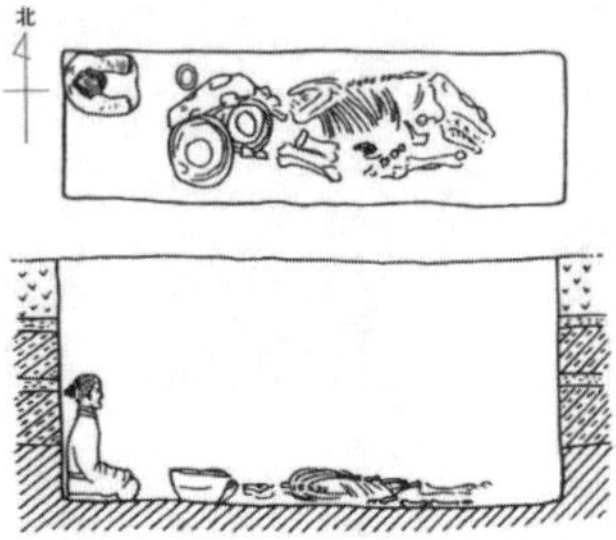

始皇帝陵東側上焦村馬厩坑の俑馬同坑
（『秦始皇帝陵考古発現與研究』）

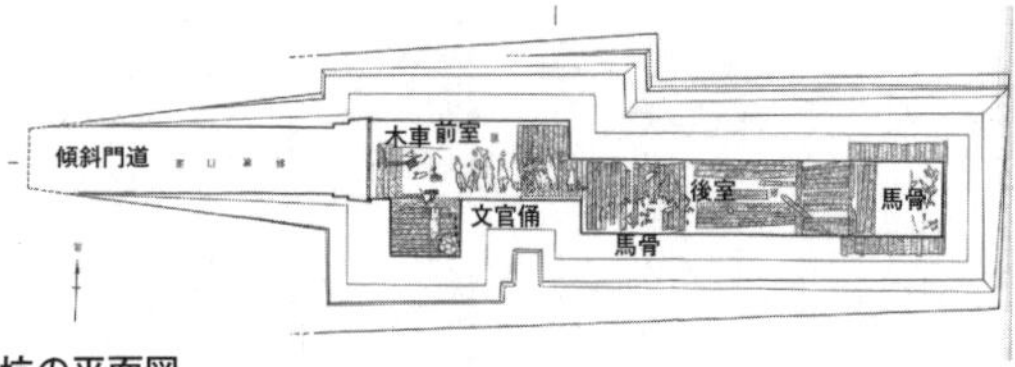

AK0006陪葬坑の平面図
重要な場所に真馬の骨が収められていた。
文官が中心ではなく、馬を埋葬する施設とみたほうがよい。

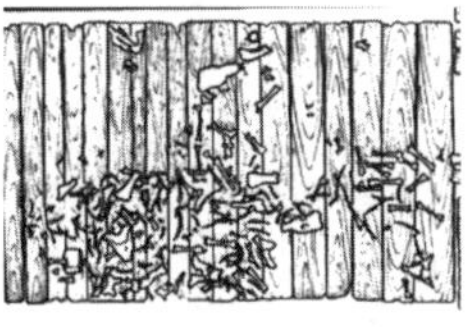

K0006陪葬坑の馬骨と文官俑

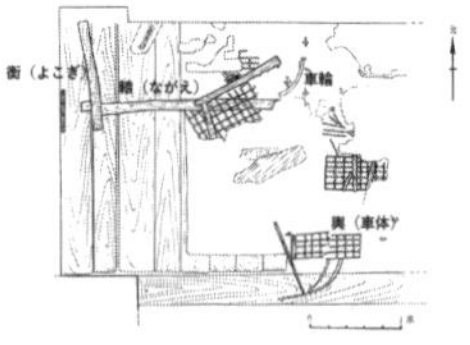

K0006陪葬坑の木車と御者俑
（『秦始皇帝陵園考古報告2000』）

文官俑坑と呼んでいる。ただし竹簡などの文書は見当たらない。青銅製の斧が四件出土し、刑具を象徴するものとして、廷尉の官吏とする意見もあり、一方で馬を管理する馬厩坑とする意見もある（袁仲一著）。現在、陪葬坑全体が保存され、遺跡博物館として見学できる。これも馬厩を地下に収めたものではないので、馬葬墓といってもよい。

地下宮殿や、始皇帝の墓室に近い陪葬坑であるだけに、地下宮殿に関係する重要な情報がある。長方形の坑は西側から東に斜めに入り、前室と後室がある。その構造は地下宮殿の方向と構造に近い。

石鎧坑（K九八〇一陪葬坑）

内外城の間、東門の南に三つの陪葬坑（府蔵坑《ふぞうこう》K九九〇二陪葬坑・石鎧坑・百戯俑坑《ひゃくぎようこう》）が北から南にこの順番で並ぶ。墳丘と同じ高さの場所である。地下宮殿に入れずに、なぜこの場所に独立した陪葬坑を置いたのであろうか。府蔵坑は、細い地下通路の陪葬坑だが、何を埋蔵してあるのかは不明である。石鎧《いしよろい》と石甲《いしかぶと》（冑）は兵士と馬が着用する鎧を石片で縫い合わせたものである。生身の兵士を陵園内に殉葬することは避けたので、鎧甲だけを始皇帝の墓室に近い地下に収めたものと考えたい。鎧の武器庫というよりは、兵士の陪葬墓の代替の役割があったのではないだろうか。馬葬墓、動物葬墓とならんで石鎧葬墓といってもよい。また、遺体は埋葬せずに衣冠だけを埋める一種の衣冠葬《いかんそう》（衣冠塚《いかんづか》）といってもよいだろう。そうすると馬、動物、石鎧葬墓の三つが墳丘の南に東西に一直線に並んでいることになる。

一区画の発掘では石鎧《いしよろい》が八七、石冑《いしかぶと》が四三、石の馬甲《ばこう》が一件出土している。地下の始皇帝への奉仕の念を示したのであろう。兵士の墓地に収めてもおかしくはないが、次章でふれる咸陽周辺の小型秦墓にはいっさい鎧は埋蔵されていない。また、馬葬墓にもいっさい馬の石鎧はない。鎧は厳重に管理されていたのであろう。兵馬俑坑の兵士には鎧を着た兵士と鎧のない兵士がいる。石鎧は等身大の兵士俑の表面に表現されている。

百戯俑坑（K九九〇一陪葬坑）

百戯俑坑は石鎧坑の南隣りにあるが、その関連性はみえてこない。等身大の芸能者の陶俑が十一体発見され、上半身裸体で裸足、力士のような体型のものもあれば、痩せた体型のものも見られる。頭部が残されているのは一体だけで、かれらがどのような集団であるのかわからないが、西方から秦に入った芸能集団ではないかと思われる。当初六体（一号俑〜六号俑）が復元されていたが、その後三体が追加された。ローマの剣闘士のような突起のある鎧を着た者、またはじめて椅子に座る姿勢の力士も見られた。中国古代では椅子の文化が入ってくるのは魏晋《ぎしん》時代以降であり、秦漢時代までは敷物の上に正座する生活が基本である。西方的文化の匂いが感じられる。また三二センチもある巨大な足だけが出土し、十二号俑脚として展示している。

百戯俑坑は二世皇帝の「角抵優俳《かくていゆうはい》の観」(相撲《すもう》・演劇場)に相当するといわれる。しかしなぜそのような娯楽の施設を墳丘の東南部に置かなければならなかったのか、周囲の配置から見れば唐突である。始皇帝の死後の娯楽のためであれば、地下宮殿のなかに設ければよい。発掘者は百戯俑坑と命名したが、立地場所の馬葬墓、動物葬墓、石鎧衣冠葬墓と並ぶ区域から見直す必要がある。この陪葬坑を地下宮殿に入れない理由が必ずあるはずである。

東西に細長い百戯俑坑は、東西四〇メートル、南北一二・三〜一六メートル、現地で保存され遺跡博物館となっている。東西に延びた過洞《かどう》(版築の隔壁の間の細長い通路)が三つある。兵馬俑坑と同じ建築様式である。過洞の間に垂木《たるき》(棚木《たなぎ》)を並べて天井とする。北から一号過洞、二号過洞、三号過洞とし、陶俑が並ぶのは三号過洞である。一号過洞からは大量の陶器の破片が出土し、二号過洞からは青銅の巨大な鼎《かなえ》(二一二キログラム、高さ六一、幅九四センチメートルと秦最大のもの。)と奇妙な木馬が出土している。鼎は垂木《たるき》の上から出土した。近年二つ目の鼎が発見された。朽ちた木馬の青銅の蹄《ひづめ》が残され、その出土位置から真馬の二分の一の大きさであるという（秦陵考古隊「秦始皇陵園K九九〇一試掘簡報」『考古』二〇〇一年第一期）。三号過洞からは石の甲片も十四件出土している。

まだ全貌は不明であるが、西方から秦に入った芸能集団を等身大の陶俑でリアルに表現し、始皇帝の死後も奉仕させた地下の施設といえる。死後の始皇帝の娯楽施設ではなく、生前に始皇帝に奉仕した芸能集団の殉葬《じゅんそう》の代替であると考えたい。始皇帝の治世では生身の人間の殉葬は禁じたが、かれらのリアルに写した等身大の陶俑を地下に収めた。陶俑をモノと考えれば陪葬坑だが、陶俑を生きた人間の代替物と見れば、一種の墓葬と考えてもよい。準殉葬墓とでも表現できようか。生き写しの陶俑はわざわざ棺に遺体の姿として収める必要はない。生前の姿を地下空間で再現させた。石鎧坑と百戯俑坑とが隣にある関係がみえてきた。

兵馬俑坑の立地

兵馬俑坑は、二重の城壁外の東方に置いた。東方には戯水という河川が驪山から流れている。のちに項羽はここに軍陣を置いた。陵園全体を地下で守る位置にあたる。地下宮殿内に軍陣を置く理由はない。等身大の兵馬俑を八千体も並べた陪葬坑は、その規模といい、地下

兵馬俑1号坑の戦車の馬俑と御者俑

陶馬は高さ171cm、御者俑は190cm。文官俑坑では真馬に車と陶俑の御者が添えられていたが、ここでは陶製の4頭馬と御者の組み合わせが等身大で実現した。

復元した木製の戦車

(『中国秦・兵馬俑』)

宮殿から独立させなければその建設は無理であった。兵馬俑坑の位置は驪山北麓の地勢も十分に考えた結果割り出された。始皇帝が眠る墳丘と東の城門外の真東ではなく、北に寄っているのは、地形に左右されたからである。墳丘下の地表面と兵馬俑坑の地表面は同じ標高である。地下の兵馬俑坑をそのまま地表に並べてみても、驪山北麓の微高地であり、函谷関から入城した敵軍を迎え撃つに適した兵法の地にあたる。驪山を右に、渭水を左に東方からの敵軍を迎え、一号坑の歩兵、戦車混合の本隊は驪山寄り、二号坑の弓兵歩兵、戦車、騎兵の機動部隊は渭水寄りに配置する。兵馬俑坑の馬俑のモデルになった真馬の方は、先の上焦村に埋葬された。同じ標高の地である。

馬厩坑では真馬に合わせて等身大の官吏の俑を置

き、文官俑でも真馬と車馬に合わせて等身大の官吏や御者の俑を置いた。兵馬俑坑では兵士だけでなく、はじめて馬まで等身大の陶俑を作った。同時進行の陵墓の建設のなかで、相互に生まれてきた新たな発想であろう。これらは地下宮殿に収容できるものではなかったので、陵園全体のなかで収めることになった。

陪葬墓

馬や動物以外の人間を地下宮殿内に殉葬することはなく、始皇帝に仕えた人々は墳丘周辺の場所に陪葬された。大型の陪葬墓では、墳丘西北の内城内の甲字形大墓《こうじけいたいぼ》は、始皇帝にもっとも近いだけあって特別である。本来の墳丘の大きさでは、まさに接続した位置になる。西の墓道から東に入る構造は、始皇帝の墓室の構造にもつながるものである。まだ未発掘だが、『史記』巻八七李斯列伝に記載された始皇帝の公子の高が二世皇帝胡亥に酈山（始皇帝陵）の麓に殉葬を申し出て許可されたことと符合する。二世皇帝は自分の兄弟姉妹を処刑して外城外の馬葬の地に埋葬した上焦村《じょうしょうそん》墓葬とちょうど対角線の位置に当たる。父始皇帝への孝と忠を称《たた》えるという政治的な効果も狙ったのであろう。上焦村墓葬は十七基のうち八基がすでに発掘されている。

磚房村《せんぼうそん》の大型墓葬は、外城西とはいえ始皇帝の忠臣の高級官吏の墓である。もちろん殉葬ではなく、高級官吏のために設けられた墓域であり、東に中字形墓が四基、西に甲字形墓が五基並ぶ。中字形墓は始皇帝の公子たちよりも格上の墓の形である。それらがすべて南北方向に向いているのが重要である。始皇帝陵の陵園は、始皇帝の墓室は東西方向であるが、陵園の完成形態としては南北方向に向いていると考えられる。みずから望んだ公子高の殉葬墓も、強制的に二世皇帝に処刑された公子、公女も、ある意味では殉葬墓である。これに対して高級官吏は殉葬ではないので、南北方向に設置した。外城東の兵馬俑坑と外城西の磚房村大墓はちょうど東西に並ぶ位置にあり、驪山北麓の階段上の整地に置かれた。近年の発掘によって青銅製の騎馬俑や金銀の駱駝、玉器群が出土して注目されている。

陵園の賑わい

陵園内はすべてが地下に埋まっているのではなく、墳丘、城壁、城門、寝殿《しんでん》、便殿《べんでん》、そして麗邑《りゆう》と地上にも建築物が並ぶ。魚池には驪山からの水が注ぎ、水辺には白鳥や鶴などの渡り鳥が集まっていた。そのような景観を死後の始皇帝に捧げるかのように地下に再現した。墳丘下の地下宮殿に止まることはなく、墳丘外に陪葬坑を数多く設置した。陵園全体に地上世界と地下世界が連動した独特の景観を作り出した。地下の兵馬俑坑も、上部は天井に棚木《たなぎ》を並べて封印したが、その上には粘土質の土壌と竹のむしろを挟み込み、地上部分は二〜三メートルも突出していたというから、地下坑を隠したわけではなかった。項羽の軍はこのような地上の陵園に入った。項羽は戯水のほとりに陣を置き、劉邦は灞水《はすい》のほとりの驪山温泉に陣を置き、両者はその中央の陵園内の鴻門《こうもん》で会見した。

建設中の陵園には始皇帝みずからも訪れていたことであろう。なぜならば、驪山温泉の南の驪山山麓には東陵、すなわち始皇帝の曽祖父昭襄王《しょうじょうおう》と父の荘襄王《そうじょうおう》の陵墓があり、そこを祭祀するのは始皇帝の務めであったからである。驪山温泉では始皇帝の時代の温泉の施設も発見されている。陵園全体の陪葬坑や地下宮殿の建設は、同時に賑やかに進められてた。陳《ちん》勝《しょう》・呉広《ごこう》の反乱が起こったときに反乱軍が陵園に入った。これと戦ったのは少府の章邯《しょうかん》が管轄する陵園内の刑徒であった。

兵馬俑を製作した窯跡《かまあと》は未発見であるが、おそらく陵園内にはあるはずである。始皇帝陵外城の北には道路が渭水方向に伸びていることがわかった。都咸陽から陵園への物資の移送には渭水の水運が活用されていたと想像できる。

第二章

小さな地下世界

睡虎地秦墓の埋蔵品

湖北省武漢市《ぶかんし》の西北一〇〇キロメートル、雲夢県《うんぼうけん》で一九七五年十二月から七六年一月のわずか四〇日間に、十二基もの秦墓《しんぼ》が発掘された。睡虎地秦墓《すいこちしんぼ》M3（三号墓）からM14（十四号墓）と呼ぶ（Mは墓の中国語の音Muの頭文字）。墓葬形式は小型の土坑《どこう》（縦穴）木槨墓《もっかくぼ》といい、地下に棺を埋め、棺をおおう簡単な槨室《かくしつ》が作られた墓である。棺の北側から漆器、青銅器、陶器など三八七件が出土している。

副葬品は次章で述べる馬王堆漢墓《まおうたいかんぼ》と共通のものが多い。湖北省と湖南省は隣り合わせで、戦国時代は同じ楚《そ》の地域であったことも関係している。共通するものを羅列すると以下の通りである。

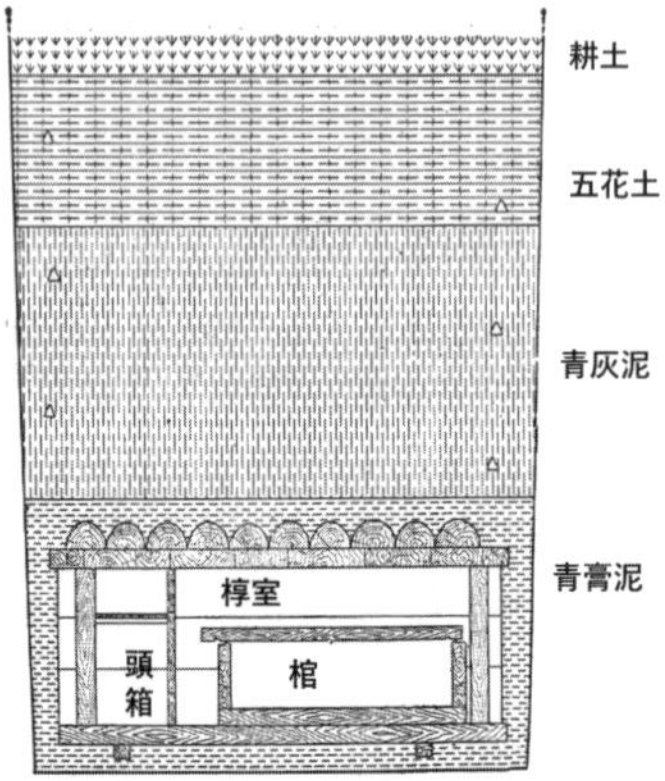

湖北省雲夢県睡虎地十一号秦墓（『雲夢睡虎地秦墓』）

竹簡《ちくかん》（十一号墓、一一五五枚）
木牘《もくとく》（四号墓の二枚）
竹笥《ちくし》（竹行李《たけごうり》。五件、十一号墓のものは長さ二八・五センチメートル、幅二三・五センチメートル、高さ三・二センチメートル、三号墓のものは長さ二八センチメートル、幅二三センチメートル、高さ不明。中身は牛肉など食物、鏡、銅鈴、竹串などが収められていた）

六博盤《りくはくばん》・棋《こま》六・筭《さん》六（中国古代の双六《すごろく》。筭は点数計算の棒。十一、十三号墓の二件）

漆卮《しっし》（酒器。五、六、七、九、十一、十三号墓）

漆耳杯《しつじはい》（三号墓から十四号墓まで発掘された睡虎地秦墓のすべての墓に収められている。全部で一〇四件もの多さ。大きさは、長さ二四・五センチメートルの四升大耳杯、長さ一七センチ前後の一升中耳杯がある）

耳杯盒《じはいごう》（十三号墓、長さ十五・五センチメートルの小耳杯五枚を収めた箱、図は九八頁）

漆匕《しっぴ》（さじ。三、九、十、十一、十四号墓）

銅鏡（七号墓、十一号墓）

木鍤《もくさん》（農具のすき。七号墓の椁室に収められていたが、馬王堆三号墓の木柄鉄鍤《てっそう》〈すき〉は墓室を埋めた土のなかから発見された。睡虎地秦墓のものも土を掘ったときに使用したものだろうか。被葬者の持ち物ではない。）

木璧《もくへき》（七、九号墓、六件、直径十六、十九センチメートル、玉璧を木で代用することが秦

睡虎地十一号秦墓の副葬品（『雲夢睡虎地秦墓』）

でも漢でも行われていた。馬王堆漢墓では竹行李に一杯に詰められていた）

木篦《もくへい》（七、十三号墓、歯が細かめの櫛《くし》、六八歯、七五歯とある、馬王堆三号墓のものは角《つの》製で五四歯）

木梳《もくそ》（七、八号墓、粗めの櫛、二一歯など六件、馬王堆三号墓のものは角製で一九、二三歯、冠をかぶる男性には必需品、戦国包山楚墓《ほうざんそぼ》から木製透かし彫り篦梳《へいそ》が出土）

竹簪《ちくさん》（かんざし。冠を留めるのに必要。二件、十一号墓のものは長さ十三センチメートル、九つに分かれる、被葬者の頭部に置かれていた。もう一件は九号墓、二一・五センチメートル。馬王堆三号墓のものは角製、長さ六・五センチメートル）

漆尊《しっそん》（膳に載せる酒器、足付きの卮《し》、十一号

墓、直径十二・二センチメートル、高さ十三・八センチメートル、図は九九頁)

漆扁壺《しつへんこ》(扁平な酒器。三、四、六、八、九、十、十三号墓)

竹扇《ちくせん》(十一号墓、残、馬王堆一号墓、三号墓から竹扇出土)

木俑《もくよう》(九号墓)

青銅匜《せいどうい》(水や酒を注ぐ容器。五、九、十一号墓、馬王堆漢墓では漆匜)

青銅壺《せいどうこ》(酒器。三号墓、馬王堆漢墓は漆壺)

青銅鈁《せいどうほう》(方形の酒器。十一号墓、馬王堆漢墓では漆鈁)

青銅盤《せいどうばん》(水などを入れる平たい容器。三、五号墓、馬王堆漢墓は漆盤)

黒漆杖《こくしつじょう》(黒い漆塗りのつえ。十三号墓、一二五センチメートル、直径二・五センチメートル、馬王堆一号墓の木杖は一・三二メートル。戦国包山二号楚墓でも龍首杖《りゅうしゅじょう》が出土)

短剣(十一号墓、長さ四七・五センチメートル、鞘《さや》の先には玉《ぎょく》飾りがついている)

などである。馬王堆漢墓の副葬品のかなりのものが秦墓までさかのぼることを意味する。

これらの副葬品を見てみると、睡虎地秦墓の被葬者は、地下の下級官吏とはいうものの、地方ではそれなりの豊かな生活ぶりであったことがうかがえる。櫛《くし》で髪を梳《す》き、簪《かんざし》で髪を整えて冠をかぶり、腰には黒漆の鞘《さや》の短剣を差していた。黒漆の杖を使用し、竹の扇で涼をと

睡虎地十一号墓出土の青銅器など（『雲夢睡虎地秦墓』）

り、飲酒をしながら六博《りくはく》のすごろく遊戯に興ずる光景が思い浮かぶ。九号墓には棺のなかに漆器で円形の奩《れん》（箱）が収められ、なかに櫛などの化粧道具が入っていた。飲酒の酒器は、漆器の洒落《しゃれ》たものである。扁壺《へんこ》から尊《そん》（おそらく足付きの卮《し》）に酒を注ぎ、耳杯《じはい》で飲む。五つの耳杯を収めた耳杯盒（馬王堆三号墓のものと酷似）は、五人での共同飲酒が想定されたものだろう。睡虎地秦墓九号墓出土の鳳首形勺《ほうしゅけいしゃく》は柄が鳳《おおとり》の首の形で珍しい形である。祭祀や婚礼などハレの行事で使用されたのであろう。漆器は南方の楚《そ》で発達した文化である。

一方、北方の文化を象徴する青銅器の容器も混在している。馬王堆漢墓では青銅器は代用のきかない鏡や弩機《どき》などに限られる。剣、戈《か》、矛《ほこ》などの武器までもが青銅器ではなく代替の角質のものを収めている。

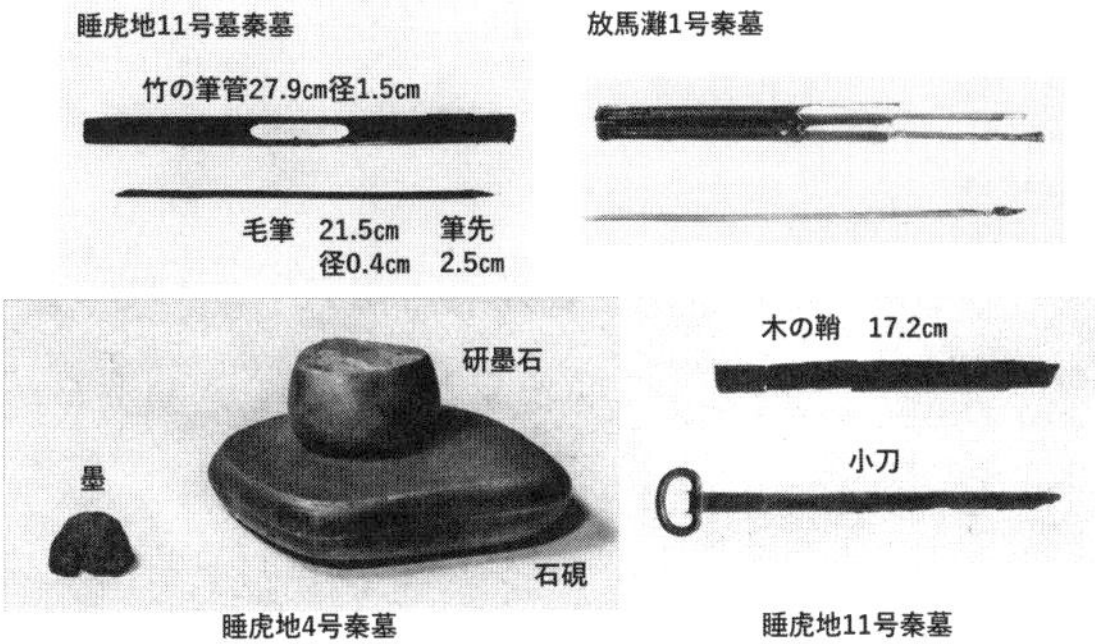

秦の時代の文具

一方、馬王堆漢墓にないものは、

陶量《とうりょう》（陶器製の計量ます。度量衡《どりょうこう》を遵守《じゅんしゅ》していく基準として官吏にとって必要。七号墓、直径一八・五センチメートル、高さ一三センチメートル、一斗二〇〇〇ml）

毛筆（十一号墓から三本出土）

墨石硯《ぼくせきけん》（墨を擦る硯《すずり》。四号墓）

研墨石《けんぼくせき》（墨を擦る石。四号墓）

銅削《どうさく》**と鞘**《さや》（竹簡の表面を削る小刀。十一号墓）

漆筒《しっし》（十一号墓、長さ二六センチメートル、幅二四センチメートル、高さ一三・八センチメートル）

竹筒《たけづつ》（五件、四八センチメートルのものと直径八・一センチメートル、高さ二二センチメートルのものがある。九、十一号墓）

青銅蒜頭壺《せいどうさんとうこ》（秦人の愛好した酒器。口沿部がニンニクに似ていることから命名された。九号墓）

などである。秦の地方官吏に欠かせないものである。

雲夢睡虎地十一号秦墓

睡虎地十一号墓《すいこちじゅういちごうぼ》の棺槨《かんかく》の保存状態がよく、被葬者の全身の遺骸の上に散乱した一一〇〇枚ほどの竹簡が出土した（雲夢睡虎地秦墓編写組『雲夢睡虎地秦墓』文物出版社、一九八一）。秦の時代の竹簡がこのときはじめて出土し、この睡虎地秦簡《すいこちしんかん》によって秦の時代の研究は大きく変わった。

この墓の主人の名前は喜《き》。姓氏はわからない。いったい何のために大量の竹簡を棺《ひつぎ》のなかに持ち込んだのであろうか。十一号墓の深さは地下五・一メートルと睡虎地秦墓のなかでもっとも深く、地下水によって適度に湿度を保っていたので、木質の棺と槨《かく》はよく残され、なかの副葬品の保存状態もよかった。皇帝と対極にある地方末端の県の下級官吏は、同じ始皇帝の時代を生きた証人となった。劉邦《りゅうほう》集団でいえば、秦の沛県《はいけん》の獄掾《ごくえん》（裁判に従事する下級官吏。獄吏《ごくり》ともいう）の曹参《そうさん》にあたる。曹参は始皇帝亡きあと、将軍として楚漢戦争で活躍し、最後は漢の丞相《じょうしょう》にまで上り詰めた。一方、秦の南郡《なんぐん》の獄掾の喜《き》は、始皇帝の時代に故郷に埋葬された。同じ戦国楚の地の人間でありながら、わずかな時間差でかれらの生き方は大きく変わった。また、始皇帝と喜の墓葬の大きさに雲泥の差はあるものの、地下の棺椁に遺体と副葬品を収めるという点では始皇帝陵と睡虎地十一号秦墓は共通している。

始皇帝は地方の獄吏《ごくり》をとくに信頼していた。獄吏は牢獄の官吏ではなく、裁判（獄）に広くかかわった官吏である。中央で法と刑罰を定めても、法を適用するには、事件の証拠を集め、被疑者や関係者の尋問を行う必要があった。そのような地方政治の雑務は法制を熟知していた獄吏が支えていた。喜はまず南郡管轄下の鄢県《えんけん》で獄吏を務めていた。『編年記《へんねんき》』と名付けた五三枚の竹簡によれば、喜《き》は「今《きん》十二年」（今は今王の意味）すなわち始皇十二（前二三五）年（司馬遷は秦には元号がないので、あとからさかのぼって始皇何年と記した。）に「四月己丑《きちゅう》、喜、獄を鄢に治む」と記され、獄吏の職務を行っていたことがわかる。郡の下の県で法の執行を行い、複雑な事件の処理も行わなければならなかった。

棺内の遺骸と竹簡

同じ睡虎地秦墓《すいこちしんぼ》でも土壌から墓室に浸透した水などの環境によって遺骸の残り方に違いがある。もともと遺体を棺に収めてそのまま土に埋めれば、時間とともに木の棺が朽ちて骨格の成分であるリン酸カルシウムは水と反応して溶けていく。とくに酸性の土壌では溶ける速度は速く、アルカリ性の土壌では遅い。棺槨《かんかく》の槨室《かくしつ》をおおう木炭層は透水性が高く、木材の防腐効果がある。睡虎地八号秦墓では骨格はすべて溶けて土と化していたが、七号秦墓と十一号秦墓の人骨はほぼ完全に残されていた。

十一号墓の遺骸では、棺内にも頭部の向かって右に丸い漆器の奩《れん》が置かれ、左肩の上腕骨の部分には絹製の帽子の破片が残されていた。埋葬時には衣服を着用しているはずだが、朽ちて残されていない。そして頭部から足部に至るまで一一五五枚の竹簡の文書で埋め尽くされていた。毛筆と毛筆管（筆入れ）も添えられている。その情況からみると、竹簡は遺骨の上に乱雑に載せたのではなく、遺骨と棺の隙間に丁寧に収められていたことがわかる。竹簡を綴《と》じた紐《ひも》は腐乱するので、竹簡は散乱する。

一一五五枚の竹簡の内訳は、

「編年記《へんねんき》」 五三枚
「語書《ごしょ》」 一四枚
「秦律《しんりつ》一八種」 二〇一枚
「效律《こうりつ》」 六〇枚
「秦律雑抄《しんりつざっしょう》」 四二枚

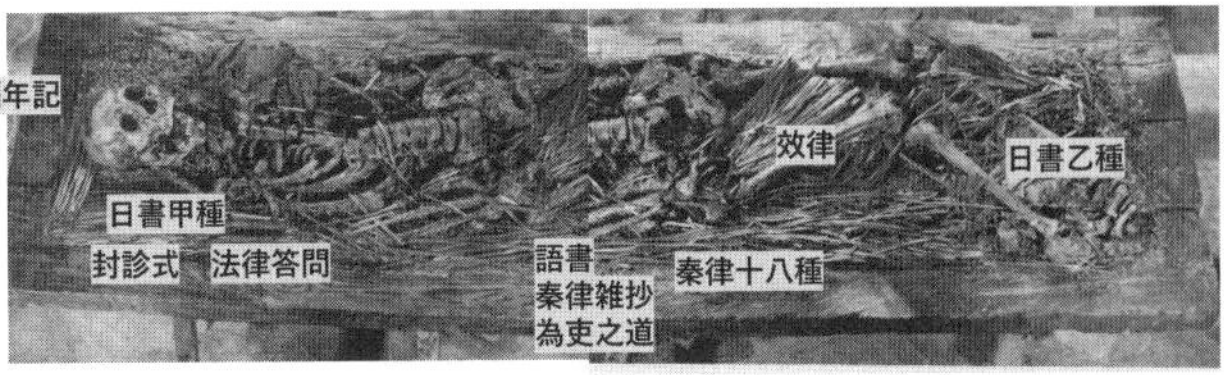

睡虎地十一号秦墓の竹簡（『雲夢睡虎地秦墓』）
竹簡1155枚が棺のなかに収められた。頭部周辺の文書がもっとも大切にしていたものであろう。

「法律答問《ほうりつとうもん》」（問答式犯罪事例）二一〇枚
「封診式《ふうしんしき》」（官吏学習の犯罪事例）九八枚
「為吏之道《いりのみち》」五一枚
「日書《にっしょ》」（暦による占い）四二三枚（甲種一六六枚、乙種二五七枚、文字の違いで二種に分けた）

などである。

普通は遺体は棺に収め、副葬品は棺をおおう椁室《かくしつ》に収めるものであるが、ここでは棺の隙間に竹簡が埋め尽くされていたのである。喜《き》は故郷の安陸県《あんりくけん》の令史《れいし》（書記官）を務めたあとに鄢県《えんけん》の令史に転任し、ここでとくに獄（裁判）を務めた。

竹簡はそれぞれ束にして、全体に遺体から見て右側の余白に頭から足の先まで並べた。遺族が収めたにしても、意味を込めていたものと推測できる。頭の下には秦の国史と喜一族の家史《かし》を並記した「編年記」を置いた。喜という人物の存在を証明するもっとも重要な竹簡であった。頭部の横に吉凶を占った「日書」甲種を収めたのは興味深い。法令よりも日常生活の行動の指針になったのが「日書」である。残りの「日書」乙種は足部に収めている。官吏の行動規範の「為吏之道」や南郡が発布した警戒令の「語書」は腰のあたりに収めた。秦の官吏としての勤めを死後の世界まで持って行かせたのであろうか。法律の条文よりも、より具体的な事件簿である「封診式」や法律の解釈書の「法律答問」を頭部に置いた。法律の条文は中央から下されたものであるが、これらは具体的な事件の処理方法をまとめたものである。喜《き》自身も関わる内容もみられる。中央の始皇帝は竹簡文書を重量で計ってノルマを決めるほど大量の文書の決裁に追われ、末端の県の獄吏は裁判文書の作成に忙殺された。各種文書は、喜《き》を埋葬したときに棺のなかに入れられた。普通、埋蔵文書は真件《しんけん》を収めるのではなく、複製を作成して収める。各文書を見てみると、一括して複写して入れたとは思えないほど、筆致が異なる。

簡と牘

一行書きの細長い札を簡《かん》、複数行の幅のある木板を牘《とく》、竹の材質の簡を竹簡《ちくかん》、竹以外の木質の簡を木簡《もくかん》、幅のあるものを木牘《もくとく》、竹牘《ちくとく》という。これらを総称して簡牘《かんとく》という。簡の場合、幅一センチ前後の細い簡を一枚ずつ二、三本の綴《と》じ紐《ひも》で横につなぎ、牘の場合は一枚で完結する。竹簡を埋蔵した睡虎地《すいこち》十一号《じゅういちごう》秦墓《しんぼ》とは別に、睡虎地四号秦墓からは二枚の木牘が出土しているが、いずれも五行書きの書簡である。書簡の場合、五枚の竹簡を綴じるよりも一枚の牘に文章をまとめると、故意に内容を並べ替えられる心配はない。北京大学蔵秦簡では「泰原有死者《たいげんにししゃあり》」（冒頭のことばを文書名とした）は一枚の木牘《もくとく》に物語がまとめられている。

湖南省益陽県《えきようけん》兎子山《としざん》遺址《いし》の九号井戸から出土したのは七八〇枚の簡牘《かんとく》であり、木簡（木牘）は十一枚、竹簡は七六九枚（九八・六％）であった。益陽県は古代にもさかのぼる地名であり、戦国の楚から秦にかけて継続した県である。文書は楚文字と秦の隷書《れいしょ》で書かれていた。隷書は秦以降の文字のことをいうので、楚の隷書とはいわない。二、三、四行書きの幅があるものは木牘《もくとく》であり、そのなかには二世皇帝が即位直後に発布した重要な詔書《しょうしょ》の木牘《もくとく》が二枚あった。詔書は錯簡《さっかん》（簡を並べ替えること）は許されないので、一枚の木牘《もくとく》の表裏に文章を記し、非常に整った秦隷《しんれい》の書体で書かれている。

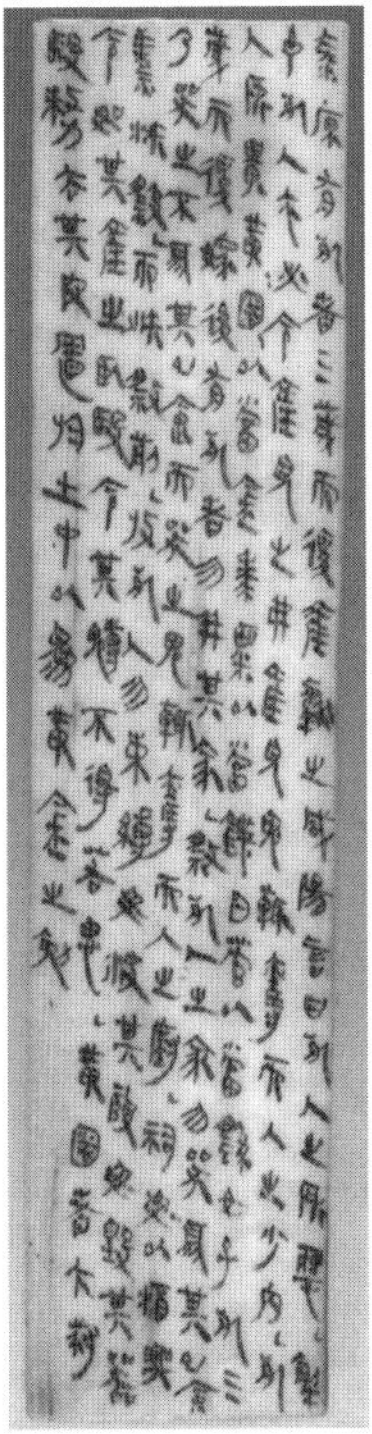
北京大学蔵秦簡
「泰原有死者」
（『文物』2012年第6期）

詔書は二世皇帝元年十月甲午《こうご》（二十一

日）に発布され、二四日後の十一月戊午《ぼご》（十五日）に守府《しゅふ》（益陽県の県府）に到着した。古井戸に廃棄されたものであり、真件の詔書であろう。全国の郡県に発布するためには、郡県の数だけ詔書の木牘《もくとく》が作成されたはずである。

竹簡と木簡

竹簡と木簡、木牘《もくとく》の材質の違いは、縦に走る木目の密度でわかる。普通の樹木は年輪の幅が木目として縦に走るが、竹の場合、一年で成長が止まるので年輪がなく円筒形であるため、点のような細かな維管束《いかんそく》の筋が密に縦に走る。その縦目の緻密さが文字を書きやすくしているのである。さらに竹簡は弾力性があり、一ミリメートル以下の薄さでも加工できて軽い。

墓葬から出土した簡牘《かんとく》を出土簡といい、盗掘された簡牘《かんとく》を非出土簡、盗掘簡という。盗掘簡は出土地がわからない。出土簡の睡虎地《すいこち》秦簡《しんかん》、龍崗《りゅうこう》秦簡《しんかん》に対して、盗掘簡の嶽麓《がくろく》秦簡《しんかん》や北京大学蔵秦簡が注目されている。岳麓秦簡の二一七六枚は竹簡が大半で、木簡は三十数枚程度にすぎない。また盗掘簡の北京大学蔵秦簡では竹簡七六二枚・木簡二一枚・木牘四枚・竹牘四枚・木板一枚が含まれる。竹が豊富に生育する南方では竹簡が一般的な書写材料であり、木簡は少ない。しかし多数行にわたる文書の場合は、木牘が使用される。

竹簡の形（複製品）
150枚ほどの竹簡を麻ひもで綴り、一つずつの巻物にした。

井戸に投棄される行政文書は木牘が多い。そのため、湖南省龍山県里耶《りや》古城の古井戸に投棄された里耶秦簡《りやしんかん》は、とりわけ木牘が多い。

簡牘の文字

秦王から始皇帝の時代の竹簡の文字は隷書《れいしょ》といったが、すでに知られていた漢代の隷書とは違うので漢隷《かんれい》に対して秦隷《しんれい》と呼ばれている。漢隷を今隷《きんれい》、秦隷を古隷《これい》ともいう。そして秦隷は石や青銅器に刻んだ篆書《てんしょ》の趣を残しているので、篆隷《てんれい》ともいう。秦の時代の文字は、始皇帝の泰山刻石《たいざんこくせき》や度量衡《どりょうこう》の統一詔書《しょうしょ》によって小篆《しょうてん》という名で知られていたが、一九七五年の睡虎地秦簡《すいこちしんかん》の発見以後は竹簡の秦の文字が見られるようになったので、その文字の名称は揺れている。

石や青銅器の堅い素材には鑿《のみ》で刻み、竹簡には筆で墨を使って書く。泰山刻石の小篆の書体は、縦にやや長い長方形の枠内に収まり、横画も平行で左右に均整がとれ、文字幅も厚く均等で、起筆や終筆も太い。

睡虎地十一号秦墓から毛筆（直径〇・四センチメートル、長さ二一・五センチメートル、筆先の長さ二・五センチメートル）と筆管（筆入れ）が出土している。かなりの細筆《さいひつ》である。四号秦墓からは円柱状の墨も出土している。隷書とはそもそも始皇帝のときに程邈《ていばく》という人物が小篆を省略して作ったといわれ、隷書の隷の字は国家が労働力として動員した罪刑者である徒隷《とれい》、隷卒《れいそつ》からきている。かれらを収監する監獄の業務が多くなったので、それらを記録した文字を隷書と呼んだという。程邈自身が雲陽県《うんようけん》の獄中に入り、そこで生み出した文字を始皇帝に献上して採用されたともいわれる。ところが長い間、秦の官吏の文字が知られていなかったので、漢代の文字を隷書と呼ぶようになっていた。

周代の文字を大篆《だいてん》、秦代は省略化した小篆《しょうてん》といい、その字体を多少くずして毛筆で竹簡に書いた場合は篆隷という。篆書と隷書の間にはいくつかの移行のパターンがあり、それが睡虎地秦簡の九つの文書に反映されている。篆書度と隷書度の数値を十ランクで表せば、十〇《じゅうぜろ》（篆書度十と隷書度ゼロの組み合わせ）から〇十《ぜろじゅう》（篆書度ゼロと隷書度十の組み合わせ）の間に九一《きゅういち》、八二《はちにい》、七三《しちさん》、六四《ろくよん》、五五《ごうごう》、四六《よんろく》、三七《さんしち》、二八《にいはち》、一九《いちきゅう》が並ぶ。青銅に刻まれた始皇帝の度量衡統一の詔書や石に刻まれた始皇帝の刻石の文字を十〇とすれば、漢代の碑文の文

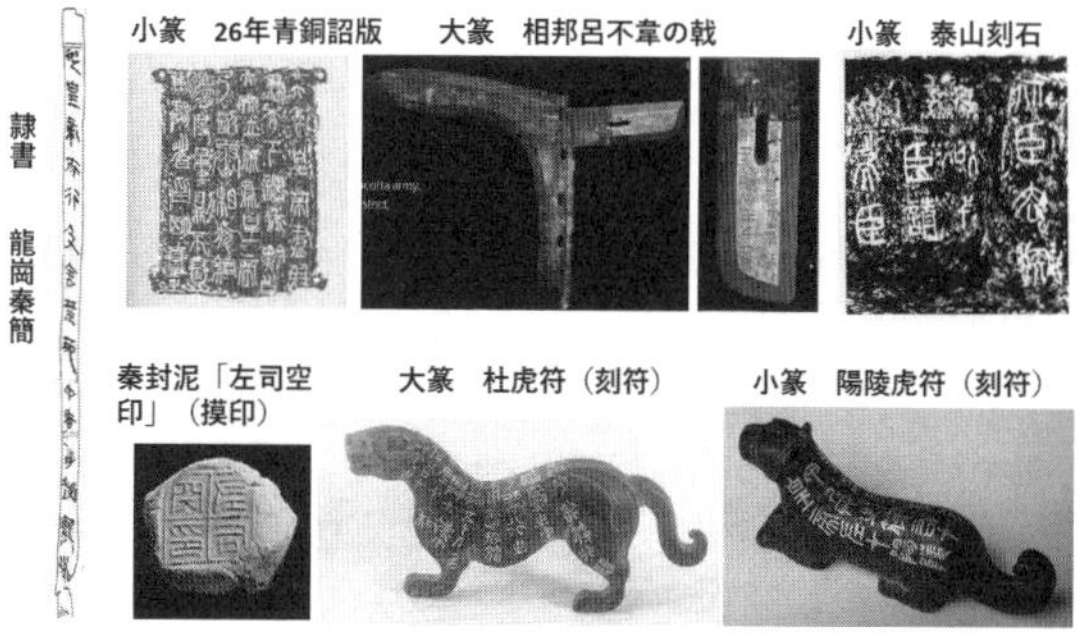

秦の時代の八種類の文字

後漢の『説文解字《せつもんかいじ》』によれば、秦の時代の書体には大篆、小篆、刻符、虫書、摸印《ぼいん》、署書、殳書《しゅしょ》、隷書の八体があったという。官吏は五千字以上の文字と八体の文字を読めなければならなかった。

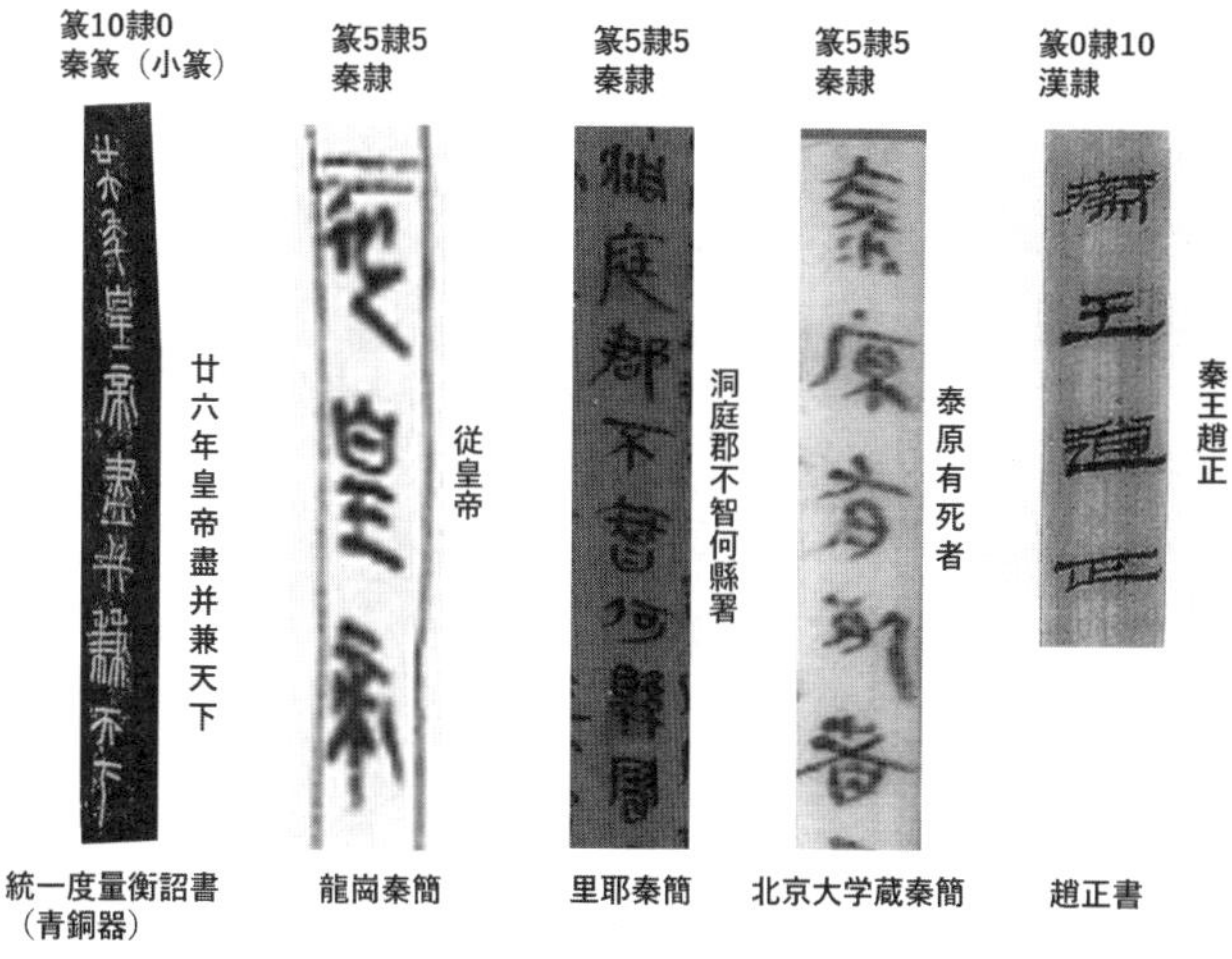

隷書各種の事例

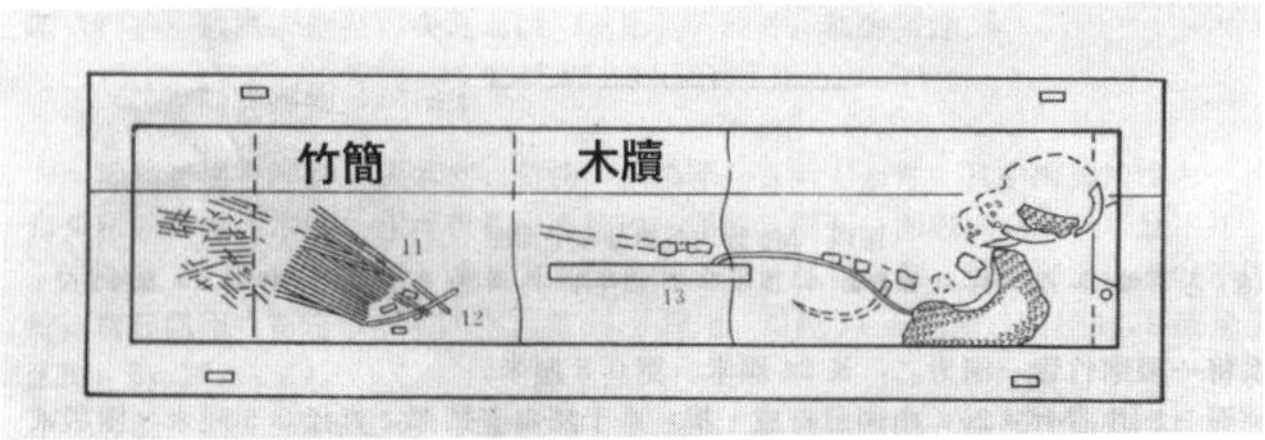

湖北省雲夢県龍崗6号秦墓の竹簡（『龍崗秦簡』）
竹簡180枚あまりが棺の中に収められていた。

字は○十となる。竹簡に書かれた睡虎地秦簡の文字は篆書度が高く、隷書度は低い。

竹簡と棺

睡虎地《すいこち》十一号秦墓では北の椁室《かくしつ》がありながら、竹簡はわざわざ棺の遺体の側に置かれた。龍崗秦墓《りゅうこうしんぼ》、王家台秦墓《おうかだいしんぼ》でも同様であり、さかのぼって甘粛省天水《てんすい》市の放馬灘秦墓《ほうばたんしんぼ》でも同様であるから、秦人の習慣であったかもしれない。私たちも故人の遺品を棺のなかに入れて荼毘《だび》に付《ふ》すことがある。戦国楚の郭店楚墓《かくてんそぼ》では棺ではなく椁室に竹簡を収めているから、秦人の習慣と考えても間違いはないであろう。

不思議なことは、都咸陽周辺の中央の小型墓葬では、石の硯《すずり》（西安北郊秦墓：九八交校Ⅰ区M六七、咸陽東郊秦墓：尹王村《いんおうそん》秦墓《しんぼ》M一二四）や小刀（鉄削、銅削など棺内に見える）などの文具が若干出土している例はあるが、竹簡など文書簡の出土はまったく見られないことである。木棺も朽ちていることが多いので、たとえ竹簡を収めてあっても残らないのかもしれない。その代わりに朽ちた遺体のあたりには、青銅や鉄の帯鉤《たいこう》（帯留め）などがかなり残されている。ときに銅印や銅鏡も棺のなかに入れている（咸陽東郊秦墓：M二一九）。中央であるだけにどのような文書簡を墓に収めたのか気にかかるし、中央の高官や皇帝はどのような文書を収めたのか知りたいところである。

喜《き》の編年記には「今二八年（始皇二八年）、今安陸を過ぐ」と記され、始皇帝は喜《き》の故郷の安陸県を第二回巡行で通過していることがわかる。始皇帝と喜《き》の接点がそこにあった。

龍崗六号秦墓の例

一九八九年に湖北省雲夢県《うんぼうけん》で発掘された龍崗六号秦墓《りゅうこうろくごうしんぼ》は、小さな縦穴式の墓である（中国文物研究所・湖北省文物考古研究所編『龍崗秦簡』中華書局、二〇〇一）。地下に埋められた木棺《もっかん》の大きさは長さ一九〇センチメートル、幅六〇センチメートル、高さ五四センチメートル、その棺《ひつぎ》をおおう木椁《もっかく》は長さ二五〇センチメートル、幅一一六センチメートル、高さ七四センチメートルの小さなものである。棺のなかには男性の上半身だけの遺骸が残され、椁《かく》室《しつ》には陶器、漆器、竹木器の類いが収められていた。棺のなかには六博《りくはく》のコマと木牘《もくとく》が一枚、そして竹簡が一八〇枚ほど（ちょうどひと巻き分の分量）が収められていた。私たちは学術的には睡虎地秦簡《すいこちしんかん》に続く貴重な秦代の竹簡史料が出土したことで注目してきたが、いまあらためてこの人物を埋葬した人びとの心情を振り返り、木牘と竹簡の一束をなぜ棺のなかに入れたのか考えてみたい。

竹簡はすべて法律文書の簡であり、書籍簡ではない。内容を見ると、二四（前二二三）、二五（前二二二）の年号と皇帝の文字が確認できる。皇帝は始皇帝を指し、年号の二四年、二五年は始皇帝の年号である。被葬者は秦王から始皇帝の時代を生き、秦が滅びるころに埋葬された。被葬者は果たして法律の文章を記した竹簡を好んで埋蔵を願ったかどうかである。法律の文章には二ヵ所、皇帝の文字が記され、かれは皇帝の巡行を迎えた雲夢沢《うんぼうたく》の禁苑《きんえん》の地方官吏であったと思われる。皇帝が南郡安陸県《なんぐんあんりくけん》の地方を訪れたときに、地方官吏は馳道《ちどう》（一級の道路）・弩道《どどう》（軍事道路か）などの道路や禁苑、馬牛羊の牧場をしっかりと管理し、王や皇帝の狩猟にも備えなければならない。生前にしっかりと業務を遂行し得たことを示すために遺族が竹簡文書の複製を入れたのであろう。

ほかの一枚の木牘《もくとく》には遺族の被葬者への気持ちがうかがえる。この木牘《もくとく》は辟死《へきし》という名（二字の名、姓は記さず。死を辟《さ》く意味の名前）の人物の再審書であり、かれはいったんは城旦《じょうたん》の罪と誤審されてしまったので、九月丙申《へいしん》の日（始皇三七年、二世二年、漢高祖《かんこうそ》三年に該当する干支の日付けがある）に再審結果として刑徒の身分を庶人に解放して自由にしたことが記されていた。私たちは竹簡文書の秦の法律だけを取り出して貴重な史料として活用してきたが、冤罪《えんざい》として不遇の身であった被葬者の境地《きょうち》にも想いを馳《は》せることも必要であったと思う。被葬者が雲夢沢の禁苑の官吏として務めていたことは竹簡から推測できるが、誤審によって処刑されたことは遺体の下半身が失われていたことと符合《ふごう》する。

漢代には刑罰を受けた者を埋葬したことを地下の官吏に通達する文書があった。江蘇省揚《よう》州市《しゅうし》の邗江胡場五号前漢宣帝期《かんこうこじょうごごうぜんかんせんていき》の墓から文告牘《ぶんこくとく》（告地書《こくちしょ》）と呼ばれるものが出土した。地上の官吏が地下の「土主《どしゅ》」に向けて書いたもので、王奉世《おうほうせい》という人物が生前裁判にかけられたが、死後に復職し故郷に戻って埋葬されたことを告げている。この墓の遺体の頭骨には圧迫痕があり、何らかの刑罰を受けていたようである（大庭脩『木簡学入門』）。龍崗秦墓の被葬者の免罪の木牘も、埋葬するに際して地下の官吏に通達する文書であった。

地下に埋葬するということは、被葬者を地上から地下の世界に送るということであり、その地下の世界を治める官吏に託した。振り返ってみれば、始皇帝陵の地下宮殿の百官も、地下世界の官吏であったと思われる。

王家台十五号秦墓と易占

一九九三年、湖北省江陵県《こうりょうけん》の郢城《えいじょう》故城《こじょう》の北、戦国楚の古都郢城《えいじょう》（紀南城《きなんじょう》）の東南で秦漢時代の墓葬十六基が発掘調査され、そのなかの十五号秦墓から竹簡八〇〇余枚が出土した（荊《けい》州《しゅう》地区博物館「江陵王家台一五号秦墓《こうりょうおうかだいじゅうごごうしんぼ》」『文物』一九九五年第一期）。秦の南郡《なんぐん》という占領地の役所はこの故城の秦の江陵県に置かれていたので、その郡の行政を支えていた人びとの墓葬である。南郡の守《しゅ》（長官）丞《じょう》（次官）尉《い》（武官）や江陵県の令《れい》（長官）丞（次官）尉（武官）は中央が任命派遣した役人であり、地元の出身者ではなく、この地に埋葬されることはない。

十五号秦墓の竹簡の内容は秦律《しんりつ》、日書《にっしょ》、易占《えきせん》であり、そのほか竹牘《ちくとく》一枚（長さ二一センチメートル、幅四センチメートル）が遺骸の頭部に置かれていた。この竹牘の文字は不鮮明で読み取れないが、類例から見ると被葬者を地下世界へ送ることを記した文書であろう。そのほか式盤《しきばん》（一四六頁）、占卜《せんぼく》の六〇本の算木、二三件もの六面体のサイコロがあった。この墓には槨室《かくしつ》がなく、木棺だけに収められて質素に埋葬されていた。被葬者にとって埋蔵された竹簡はどのような意味があったのだろうか。

始皇帝と易《えき》の卜筮《ぼくぜい》との関係もあわせて考えてみよう。孔子《こうし》が「韋編三絶《いへんさんぜつ》」（竹簡の韋《なめしがわ》の綴《と》じ紐《ひも》が三たび切れて付け替えた）するほど愛読したのは易であった。易は『漢書《かんじょ》』芸文志《げいもんし》の分類では六芸《りくげい》にあたるが、「秦が書を燔《や》くも、易は筮卜《ぜいぼく》の事為《な》れば、伝える者は絶えず」とわざわざ付言され、焚書令《ふんしょれい》の対象にはならなかった。王家台十五号墓の埋葬時期は、焚書令が出された始皇三四（前二一三）年よりも前でもあり、そもそも秦の官吏にとって、孔子が易に伝を書き、儒家《じゅか》の書とされていても問題にはならなかった。

易占は被葬者が生前に愛読していた書物というよりは、被葬者の霊魂が地下世界で生きていくための指針であったと思われる。秦律も被葬者が生前慣れ親しんだ法律を棺に収めたというよりは、被葬者が地下世界で生前と同様に地方官吏として勤めて生きていくためのものであったと思う。地方官吏は地下世界で全く別の職種の人間に生まれ変わるわけではない。ということは、始皇帝も地下帝国の帝王であったと考えてよい。

小さな御者俑と騎馬俑

睡虎地九号秦墓《すいこちきゅうごうしんぼ》から木製の御者座俑《ぎょしゃざよう》と馬俑が、十一号墓からは木製の軺車《ようしゃ》（一頭または二頭立ての軽い馬車）が出土している。馬の俑の高さは十六・二センチメートル、九号墓の正

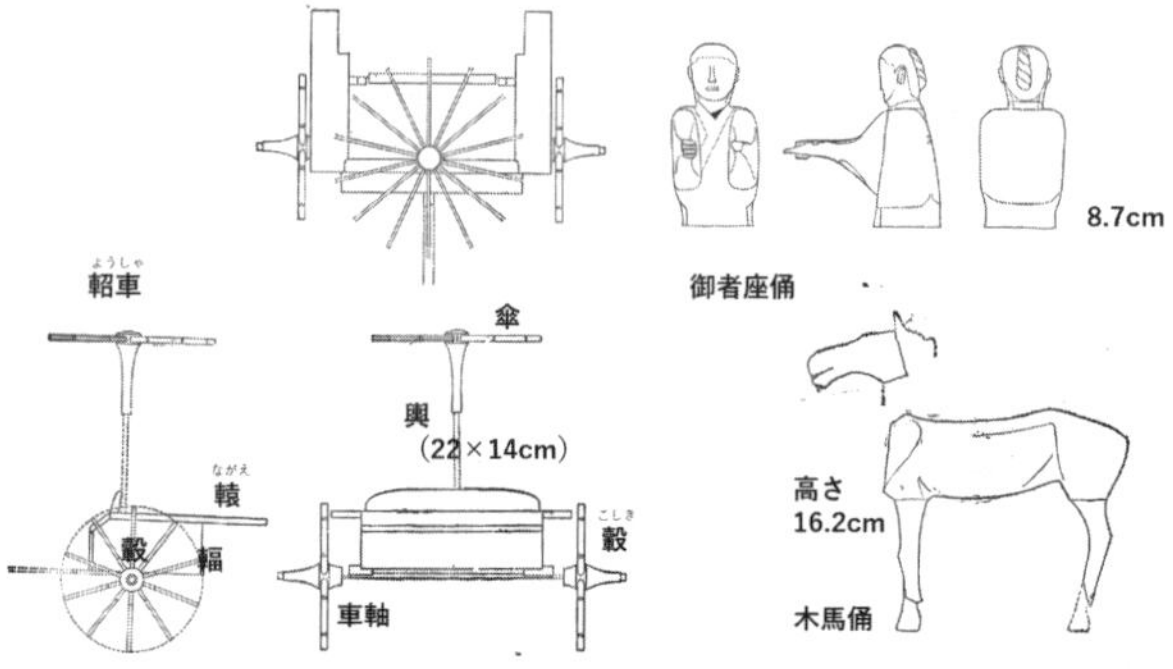

睡虎地秦墓の小さな車馬（『雲夢睡虎地秦墓』）

座した御者座俑の高さは八・七センチメートル。この御者座俑は軺車の上に載る大きさである。また同じ九号墓の木侍俑《もくじよう》とされているものも、両手を前に差し出した形から御者立俑《ぎょしゃりつよう》と修正しなければならない。

始皇帝陵の二輛《にりょう》の銅車馬には、御者が立った姿勢の立車《りっしゃ》（一号銅車馬）、座った姿勢の安車《あんしゃ》（二号銅車馬）がある。ここでも二つの姿勢の御者である。ただ御者の服装は銅車馬や兵馬俑坑の御者のような戦闘用の胡《こ》服《ふく》ではなく、長衣《ちょうい》で広袖《ひろそで》の御者の姿である。県の地方官吏クラスが御者を抱えて車を所有していたことになる。

実際に十一号墓の喜《き》という人物は始皇帝の巡行を安《あん》陸県《りくけん》で迎えた。岳麓秦簡《がくろくしんかん》の律令《りつれい》によれば、迎える際の地方官吏はみずからの車に乗って並走しなければならなかった。絹の帽子や冠を竹の簪《かんざし》で留め、銅剣を腰

長さ18、幅7、高さ22.6cm
長さ18.4、幅7.4、高さ22cm

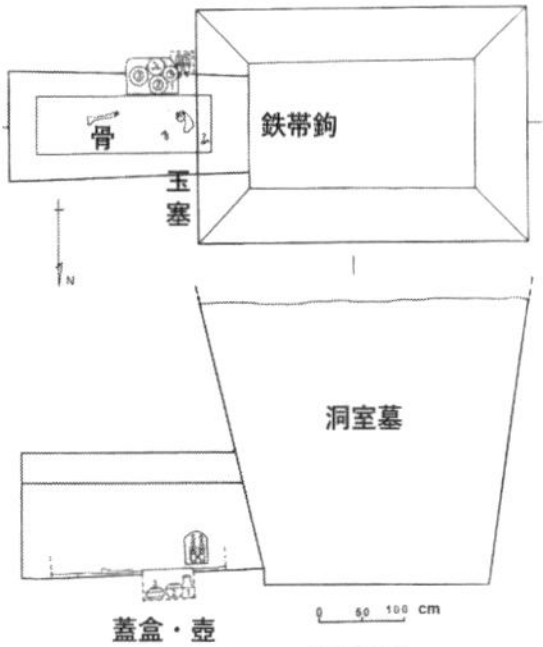

塔児坡秦墓の騎馬俑（『塔児坡秦墓』）

に下げ、麻の履《くつ》に瑪瑙環《めのうかん》などの装飾品も身につけた正装であったのだろう。中央から派遣されてくる県の長官から見れば地元採用の下級役人ではあるが、ほかの副葬品から見ても、六博盤《りくはくばん》などの遊戯道具、竹の扇、各種の青銅と漆器と陶器の酒器類、料理を入れた青銅の鼎《かなえ》など豊富な副葬品からも裕福な生活ぶりがうかがえる。二つの竹笥《ちくし》もあり、規模は小さいとはいえ、始皇帝と同時代の地方官吏の埋蔵品は、始皇帝の地下宮殿の収蔵品を考える意味でも参考になる。

都咸陽《かんよう》周辺には戦国から統一時代の小型葬が多い。咸陽西の塔児坡《とうじは》には戦国秦の時代の墓が三九九基も集中している（咸陽市文物考古研究所『塔児坡秦墓』三秦出版、一九九八）。そのなかに小さな騎馬陶俑を二体埋蔵している墓が例外的に一基ある。高さが一八センチ、長さが二二センチのほぼ同じ大きさの騎馬俑が二体、被葬者の墓室に収められている。南方の睡虎地秦墓の木俑に対して、北方では陶俑が一般的であった。四〇〇近い墓葬のなかの特殊な事例だが、わずかな骨格と、陶壺や玉塞《ぎょくさい》（死者の霊魂を外に出るのを防ぐための玉でできた詰め物）、鉄製の帯鉤《たいこう》だけを残した被葬者（秦の戦士か）を、死後の世界で守るための騎馬俑であり、その騎兵の服装はいわゆる胡服《こふく》、北方民族のものである。始皇帝陵の兵馬俑二号坑の馬とこの騎兵俑を比べると、その造形は小さく、写実性に欠ける。小さな墓葬の小さな空間に収められた小さな騎兵俑と、一つの独立した陪葬坑《ばいそうこう》に八〇〇〇もの等身大のリアルな兵馬俑、このギャップを感じないわけにはいかない。

西安市南郊にも秦墓が多い（西安市文物保護考古所編著『西安南郊秦墓』陝西人民出版社、二〇〇四）。郵電学院《ゆうでんがくいん》南区M一二三から陶俑が八件出土している。

内訳は、

女性立人俑四件（高さ一二・五センチメートル）
男性立人俑一件（高さ七・七センチメートル）
跪座御者俑《きざぎょしゃよう》一件（高さ九センチメートル）
騎兵俑一件（高さ九・一センチメートル）

騎馬俑一件（高さ一五センチメートル）

の八件である。

ここでの出土品はミニチュアで稚拙《ちせつ》である。始皇帝陵からは女性俑が一つも出土していないが、地下宮殿の方には当然、等身大の女性俑があると思われる。女官の服装や髪型（螺髪《らほつ》と丸髷《まるまげ》）は参考になる。

M一二三の被葬者が生前七人の侍者を抱えていたとしたら、かなりの身分である。跪座御者俑も騎兵俑も始皇帝陵の御者俑、騎兵俑と比較すると興味深い点がいくつかある。等身大の兵馬俑坑の御者俑は大きさの規制もあって立ち姿であるが、むしろ銅車馬の跪座御者俑と比較すると、制御の姿勢は酷似している。御者が戴冠《たいかん》しているのも共通である。M一二三の被葬者に私人として仕えていた御者ではなく、被葬者の公人として仕えていた御者であることがわかる。騎兵俑が戴帽《たいぼう》しているのも兵馬俑坑の騎兵俑と似ている。ミニュチアの御者俑、騎兵俑、馬俑が始皇帝に仕えるとなると等身大の俑になったことがよく分かる。

青銅蒜頭壺　39cm
咸陽塔児坡秦墓　咸陽市博物館
（『秦の始皇帝と兵馬俑展』）

青銅蒜頭壺　36.7cm
睡虎地九号秦墓
（『雲夢睡虎地秦墓』）

25.3ｃｍ

31cm

蒜頭陶壺
塔児坡秦墓
（『塔児坡秦墓』）

秦の酒器　蒜頭壺

都咸陽周辺の小墓群に見る飲酒文化

渭水《いすい》北岸の都咸陽《かんよう》の西方には、塔児坡秦墓《とうじはしんぼ》のほかにも尹王村《いんおうそん》と西耳村《せいじそん》で百単位の秦の小墓群が発見されている（陝西省《せんせいしょう》考古研究院編著『咸陽東郊秦墓』科学出版社、二〇一八）。

睡虎地秦墓《すいこちしんぼ》など湖北省《こほくしょう》の秦墓と比較すると、面白いことがいくつかある。最大の違いは、竹簡などの文書が見られないことであるが、それ以外にもいくつかある。睡虎地秦墓に普通に見られる漆器がないのは、南北の環境風土の差であるにしても、北では南の墓葬にある耳杯《じはい》が発見されていないのは、意味がありそうである。

酒器は一種の文化を物語るものであり、集団飲食での祝杯に欠かせないのが個々人の持つ杯である。咸陽宮西の秦墓群では、陶器の酒器では陶壺《とうこ》

三耳杯（飲酒器）12cm　陶壺（貯酒器）24cm　陶鼎（羹調理器）17.5cm

咸陽周辺秦墓（西耳村M15）出土の酒杯など（『咸陽東郊秦墓』）

や蒜頭壺《さんとうこ》が多いが、個々人の持つ杯《さかずき》がほとんど見られない。例外的には二件確認できるが、それは耳杯型《じはいがた》ではなくコップ型のものである。三つの取っ手のついたコップ型は大変珍しい。複数の者が共有して飲酒することを象徴しており、それは秦文化も含めた遊牧民由来の北方文化からきている。南方人は感染病を避けて飲酒器も個々人の膳《ぜん》に置き、共有することはない（睡虎地秦簡毒言）。

蒜頭壺は北方秦特有の貯酒器である。日本の徳《とっ》利《くり》のように首が細いと、杯に酒を注ぎやすくこぼれにくい。口のところが大蒜《にんにく》のような形をしているので、考古学上このような名前で呼んでいる。陶器の蒜頭壺が咸陽付近では多く出土しており、青銅器のものも一部みられる。しかし、南方の睡虎地秦墓では出土はわずかであり、秦人が南方に

帯鉤

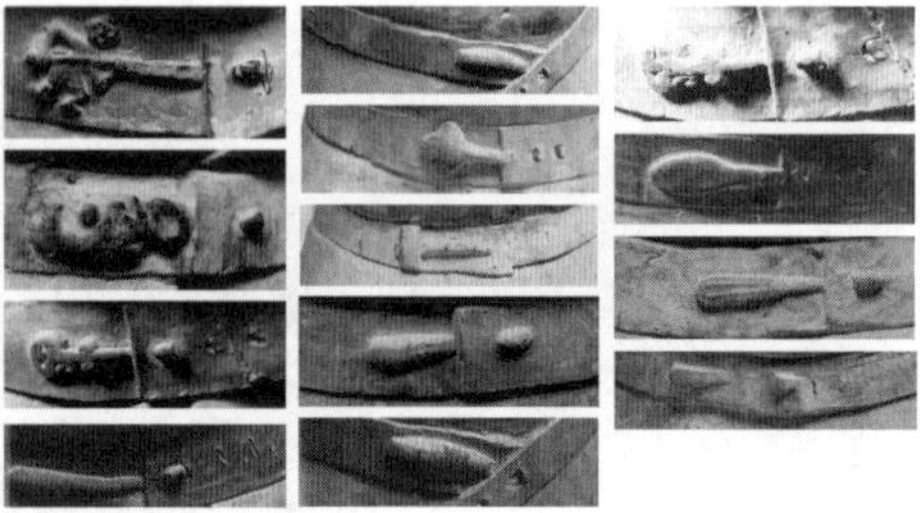
兵馬俑の各種の帯鉤

持ち込んだものと考えられている。

帯鉤—戦士の象徴

咸陽《かんよう》の小規模墓葬群には青銅の帯鉤《たいこう》の出土が非常に多い。帯鉤とは帯留めの金具であり、兵馬俑坑《へいばようこう》の鎧《よろい》を着用していない平服の一般兵士のベルトには帯鉤が描かれている。裏のボタンをベルトの穴に装着し、鉤《かぎ》の先を一周したベルトの穴に留める。塔児坡秦墓《とうじはしんぼ》では一八〇件、西耳村秦墓《せいじそんしんぼ》で一七件、尹王村秦墓《いんおうそんしんぼ》で二六件もある。高価なものは、金銀を象眼《ぞうがん》したもののある。形は琵琶《びわ》形、棒形、動物形（龍・猿・水鳥・蛇・兎など）がある。

遺骸の頭部に置かれたものが多いが、腰のあたりに発見されるものもある。帯鉤を添えたというよりは被葬者が着用していた服が朽ちて、帯鉤だけが残ったのであろう。兵馬俑坑にみられる兵士の多くは、一般の農民兵であり、戴冠している兵士は軍官である。かれらの帯鉤と墓葬群の出土品とは酷似している。かれら兵馬俑の兵士はこの小規模墓葬群に埋葬されたのではないだろうか。もちろん戴冠の軍官も帯鉤を付けている。高級軍官の兵士俑、いわゆる将軍俑も、鎧ではなく戦闘服を着用し、帯鉤を付けていることがわかる。軍官クラスもこの地に埋葬されたのだと思う。

鎧を着用している場合、帯鉤は隠れてしまうので確認できない。文官俑は帯に小刀と砥石を下げているのはわかるが、帯の前で袖手《しゅうしゅ》（手を袖の中に入れる）しているので、帯鉤は見えない。文官も帯鉤を締めているはずである。

武器を副葬している例は塔児坡秦墓で十二件、戈《か》、鏃《やじり》、殳《しゅ》（儀仗《ぎじょう》用武器）、鐓《たい》（円筒形のいしづき）、鐏《そん》（断面がクルミ形のいしづき）などである。被葬者たちは軍官クラスであったかもしれない。小規模秦墓群が戦国秦か統一秦か判別しがたいにしても、統一戦争を闘い、戦死した始皇帝の戦士であれば、兵馬俑坑の兵士との関係を考えてもよい。つまり陶俑という形で始皇帝の陪葬坑にその生前の姿を残し、一方で生身の遺体は丁寧に一人ずつ埋葬したのである。始皇帝の兵馬俑はたしかに地下世界を守る軍団であるが、始皇帝の殉死者となったのではなく、かれらにも小さな死後の地下世界が別に用意されていたのである。

また、始皇帝も秦王の時代、戦場にしばしば赴いた。始皇帝の帯鉤はどのようなものか気にかかる。南越王のものは銀の帯鉤であり、鉤首《こうしゅ》は龍、中央には北斗七星を象《かたど》った七星の突起紋がある。始皇帝の帯鉤を考える上で大いに参考になる。

商鞅銘の武器

秦の孝公《こうこう》（在位前三六二～前三三八）のときに急激な政治改革を実行したのが衛《えい》の国から秦に入った公孫鞅《こうそんおう》である。秦の爵位を受け、左庶長《さしょちょう》（二〇等爵のうち第一〇位）から大良造《たいりょうぞう》（第一六位）、列侯《れっこう》（最高位第二〇位）と昇進した。列侯の領地が商県《しょうけん》であったので商君とか商鞅《しょうおう》とかいう。秦の富国強兵に努め、商鞅の変法として知られるが、保守派の反対も多く、最後は車裂《しゃれつ》の刑で亡くなった。

塔児坡秦墓M二七〇六三には「十九年大良造庶《だいりょうぞうしょ》

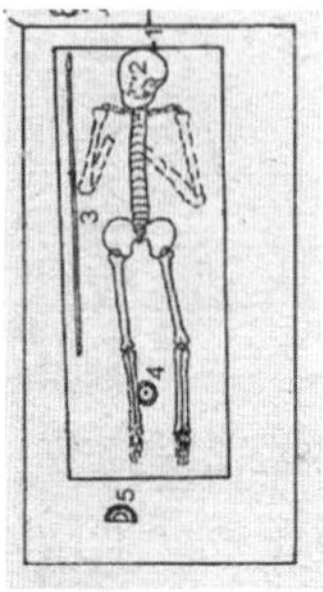

殳は儀仗用武器。
そのような武器をもつ人物も
小型墓に埋葬された。
『塔児坡秦墓』M17307

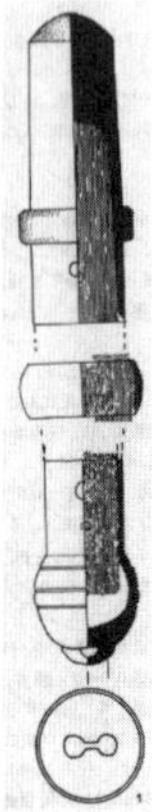

兵馬俑3号坑の兵士の殳

『大兵馬俑展』

殳を埋蔵する兵士

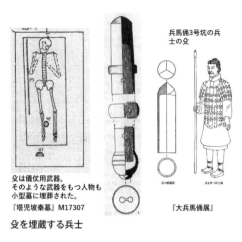

長鈹之造殳《ちょうおうのぞうしゅ》」の銘が彫られている鐓《たい》（いしづき。長柄の兵器の柄の下端に付ける金具で、青銅で作られた）が棺のなかに収めてあった。この人物は帯鉤《たいこう》や玉環《ぎょくかん》などを身につけていた。まさに秦の戦士といえる。殳《しゅ》は儀仗《ぎじょう》用の武器であり、秦軍の重要な役割を果たしていた。

塔児坡秦墓M一七三〇七でも、儀仗兵器の殳《しゅ》を持っているような形で埋葬されていた。殳《しゅ》の兵器は兵馬俑坑ではじめて目にすることができたもので、指揮部隊である兵馬俑三号坑の兵士が所持していた。始皇帝の時代の殳《しゅ》とその形式は少し異なるが、棺のなかに持ち込んだ被葬者は秦王に仕えた秦の戦士といえる。

第三章 地下の小さな図書館

告知書と帛画に見る地下の世界

地下の官吏のもとに死者を送りこむ文書を告知書《こくちしょ》と呼んでいる。漢簡の簡牘《かんとく》の例によれば、告知先の官吏は「地下」世界を管理する丞《じょう》（次官）（前漢呂后《ぜんかんりょこう》五〈前一八三〉年の謝家橋前《しゃかきょうぜん》漢簡《かんかん》、前漢早期の孔家坡前漢簡《こうかはぜんかんかん》）であった。死者のために持ち込んだ副葬品もあらかじめ地下の官吏に通知して委ねる。死者の二つの魂魄《こんぱく》の霊魂のうち、魂は天に上り、魄《はく》の方は遺体に宿り、「地下」や「安都《あんと》」の世界で奴婢《ぬひ》の世話のもとで生き続けることになる。

馬王堆漢墓《まおうたいかんぼ》の一号墓と三号墓から出土した帛画《はくが》は葬儀のときに掲げる幡《はた》であり、最後は棺《ひつぎ》の上に懸《か》けられて収められた。一号墓の遣策《けんさく》では簡二四四「非衣《ひい》一長丈《ながさじょう》二尺」と記されたものに対応する。一枚の竹簡にわざわざ「右方非衣《うほうひい》」という右方簡《うほうかん》が付く。一丈二尺は一二尺、約二・七六メートル。当初はこれに相当するものはないとされたが、彩絵の帛画（長さ二・〇五メートル、上幅九二センチメートル、下幅四七・七センチメートル）に相当するとみられるようになった。非衣は「衣にあらず」、まさに衣の形にして衣ではないものといえる。

そこには天上、地上、地下の世界が上下に並んで描かれている。地上の世界では被葬者の母と子のそれぞれの墓の帛画に侍者《じしゃ》とともに描かれている。地下の世界の方では被葬者を待ち構えた地下の官吏が、料理の入った大きな鼎《かなえ》や酒の入った漆器の扁壺《へんこ》と鈁《ほう》（方形の酒器）

中央が被葬者の軑侯夫人、後ろに3人の侍女、前に2人の軑侯家の官吏。

地下世界の官吏7人が被葬者を迎える態勢。手前には扁壺や鼎が並ぶ。

馬王堆1号漢墓出土帛画に描かれた地上世界と地下世界
（『長沙馬王堆一号漢墓』）

が前に並んでいる。台上には大きな動物が横になって調理されるのを待っている。

帛画の地下世界の様子からは、エジプトに伝わるパピルスの『死者の書』に描かれた冥《めい》界《かい》の世界が想起される。エジプトでは、冥界の王のオシリス神が死者の審判を行い、死者の無実が確認されれば死者は再生と復活を果たし、生前と同じ世界の楽園で永遠に生きていくことになる。もし有罪が確定すれば、心臓を奪われて第二の死を迎えるという。

馬王堆漢墓の時代性

一九七二年に発掘された馬王堆漢墓《まおうたいかんぼ》は、女性の遺体が腐乱せずにそのまま残されていたことが話題になった。その後、家族墓であることがわかり、馬王堆《まおうたい》漢墓だけで博物館を埋めるほど豊富な出土物が提供された。前漢時代初期の文帝《ぶんてい》（在位前一八〇〜前一五七）の時代の墓葬であるが、それよりも半世紀前の統一秦（前二二一〜前二一〇）という時代の名残がうかがえて興味深い。始皇帝陵《しこうていりょう》の地下宮殿に埋まる書籍簡の秘密を探る情報を提供してくれる。

馬王堆《まおうたい》漢墓は軑侯《たいこう》の利蒼《りそう》（二号墓）とその夫人辛追《しんつい》（一号墓）、そして二人の子の軑侯利《たいこうり》豨《き》（三号墓）の家族墓である。西に利蒼《りそう》の円墳、東に辛追《しんつい》、利豨《りき》母子を埋めた円墳が連なった形をしている。軑侯《たいこう》の爵位は子の利豨《りき》に継承されているので、列侯《れっこう》の墓葬の事例として重要である。秦漢の時代には二〇等爵制という二〇等級の爵位の制度があった。最下位第一級の庶民の公士《こうし》から最上位第二〇級の列侯までの爵位は、皇帝権力を支えるものであった。沛《はい》公《こう》、のちに漢王となった劉邦《りゅうほう》とともに戦い、漢王朝を樹立した功臣《こうしん》たちは、劉邦が皇帝に即位すると同時に諸侯王《しょこうおう》と列侯になった。列侯の上は、諸侯王と皇帝だけである。皇帝の墓葬の様相をみるのに参考になる点が多い。

軑侯《たいこう》二代の年代は『史記《しき》』恵景間侯者年表《けいけいかんこうしゃねんぴょう》、『漢書《かんじょ》』高恵高后文功臣表《こうけいこうこうぶんこうしんぴょう》に記されている。長沙国《ちょうさこく》の丞相《じょうしょう》の利蒼《りそう》は恵帝《けいてい》二（前一九三）年四月に七〇〇戸の領地を持つ軑侯《たいこう》となり（亀鈕《きちゅう》鎏金銅印《りゅうきんどういん》「長沙丞相」「軑侯之印《たいこうのいん》」と「利蒼《りそう》」玉印が二号墓から出土）、高后《こうこう》三（前一八五）

年に二代目の利豨《りき》が継承し、文帝一六（前一六四）年に三代目の彭祖《ほうそ》が継承している。利蒼《りそう》亡きあと、利豨《りき》は即位二一年（文帝一五年か）で亡くなったと史書は伝えるが、三号墓出土の木牘《もくとく》では、文帝一二（前一六八）年に埋葬されている。被葬者は利豨《りき》の兄弟という説もあるが、「利豨《りき》」の封泥も出土しており、史書よりも同時代の簡牘《かんとく》の年代の方を信頼したい。

母の辛追《しんつい》は夫の利蒼《りそう》を最初に亡くして埋葬した。二号墓の方は墓室が浅く、盗掘されていた。その後、三十数歳で亡くなった子の利豨《りき》を母の立場で葬り、最後には自らが五十数歳で亡くなっている。母の年齢は腐乱せずに残された遺体から、子の年齢は遺骨から推定したものである。三人の関係からすれば、利豨《りき》は前漢高祖《こうそ》の後半期に生まれ、母の方は始皇帝の後半期に生まれたと推定できる。つまりは始皇帝の時代の遺産を多く受け継いでいるのである。

二号墓は高祖劉邦の妻呂太后《りょたいこう》の時期（始皇三三年の私工室銘の弩機《どき》が出土しているが、秦が百越《ひゃくえつ》との戦争を始めた年であり、そのときの弩《いしゆみ》が利蒼《りそう》のもとに入っていたのであろう）、一号墓、三号墓は文帝期に作られたので、埋葬時に埋蔵された簡牘《かんとく》や帛書《はくしょ》の文字は文帝期の隷書度《れいしょど》が高く若干篆書体《てんしょたい》の風を残している書体（たとえれば篆書度三・隷書度七）、一方、高祖、恵帝期に書かれた簡牘《かんとく》や帛書《はくしょ》も埋蔵されており、こちらは篆書度《てんしょど》の高い書体（篆書度四・隷書度六程度）で書かれ、その違いは明らかである。後者を古隷《これい》、前者を八分隷《はっぷんれい》（八の字にみるように終筆を右に跳ね上げる書体）と呼んでいる。古隷は秦の時代に書かれたものである可能性も残されている。

三号墓出土の帛書《はくしょ》『五星占《ごせいせん》』には、秦始皇帝元（前二四六）年から文帝三（前一七七）年までの六九年間の木星・土星・金星の動きを記してある。天文の動きに王朝交替による分断はない。文帝十二年の紀年木牘《きねんもくとく》と帛書《はくしょ》『五星占』の文字は、文帝期の隷書で共通している。埋葬時に作成した一号墓の遣策竹簡《けんさくちくかん》三〇五枚、三号墓の遣策《けんさく》竹簡四〇二枚も文帝期の隷書で書かれているため、終筆の跳ねが顕著にみられる。副葬品リストの遣策《けんさく》は一枚一枚の竹簡に別々に書き留めてあり、副葬品を埋蔵する際の点検に便利であった。

印章の保管場所

馬王堆一号墓《まおうたいいちごうぼ》と二号墓の姓名は、出土した青銅の印章で判明した。一号墓の北の槨室《かくしつ》の五《ご》子奩《しれん》（なかに五つの子箱を入れた箱）のなかに収められていた。一辺二・七センチメートルの方形、陰刻《いんこく》で「妾辛□」と三字横に彫られ、三字目は解読されていない。鈕《つまみ》には絹の紐《ひも》が付けられていた。

円形の五子奩《ごしれん》のなかには、大中小五つの円形の箱に化粧品があり、そのほかに鏡衣《きょうい》、銅鏡、

1号墓の印章と五子奩（『長沙馬王堆一号漢墓』）

鏡擦《きょうさつ》（鏡磨き）、角質の刀、角質の簪《かんざし》、鑷《じょう》（かんざしの一種）、茀《ふつ》（髪飾り）、木梳《もくそ》、木篦《もくへい》が収められていた。女性の印章が絹の風呂敷に包まれた化粧箱のなかに化粧品と一緒に収められていたのが興味深い。女性も印章を持っていた例としては、始皇帝の公女《こうじょ》の墓（女性の遺骨）から、「陰嫚《いんまん》」の銅印が出土している。男性の場合、印章や銅鏡や木梳《もくそ》、木篦《もくへい》はどこに収めていたのだろうか。

馬王堆二号墓には三件の青銅の印章が北の椁室の弩機《どき》の回りに散乱していた。「軑侯之印《たいこうのいん》」の鎏金《りゅうきん》（金メッキ）亀鈕銅印《きちゅうどういん》（二・二センチメートル四方）、「利蒼《りそう》」覆斗鈕《ふくとちゅう》（斗《ます》を逆さにした形）玉印《ぎょくいん》（二センチメートル四方）、「長沙丞相《ちょうさじょうしょう》」の鎏金亀鈕銅印（二・二センチメートル四方）の三件である。夫人のように貴重な化粧箱に収めた痕跡はないが、二号墓の椁室《かくしつ》は腐乱しており、南の椁室には漆器の耳杯《じはい》、卮《し》、壺、盤が残っていたが、北、東、西の椁室には漆器の残片が残るだけである。

北の椁室はとくに貴重なものが多い。玳瑁《たいまい》（南海のウミガメの甲《こう》羅《ら》を加工して装飾品にしたもの）で作った梳《そ》、篦《へい》、璧《へき》、卮《し》などは珍しい。玉環《ぎょくかん》や玉の装飾、銀の七方管《しちほうかん》、そして青銅弩機《どき》、剣の鞘《さや》などである。印章も軑侯《たいこう》で長沙丞相であった利蒼《りそう》を示すものであり、とくに「軑侯之印《たいこうのいん》」と「長沙丞相」は公印であって継承されていくべきものが墓のなかに収められていた。本来は漆器の容器などに丁重に収められていたはずである。

三号墓からは印章は発見されていないが、一号墓と同じような円形の錐画《すいが》双重六子奩《そうじゅうろくしれん》（二層の親箱のなかに六つの子箱がある箱）が北の槨室に収められており、その中に角鏡《かくきょう》、角《かく》梳《そ》、角篦《かくへい》、木梳《もくそ》、木篦《もくへい》、鉄の環首刀《かんしゅとう》、鏡擦《きょうさつ》、茀《ふつ》、角簪《かくさん》や鉛粉の化粧品などが入っており、男性用の化粧品箱のようである。父利蒼《りそう》墓の北の槨室にも三つの印章を収めた漆器の奩《れん》があった可能性は高い。印章も身だしなみを整えたあとに、身体に懸けるものであったので、このような箱に収めたのであろう。印章が墓のなかから出土することは多いが、どのように収められていたのかは、わからないことが多い。馬王堆漢墓の事例は貴重な事例である。

槨室の土木技術

馬王堆《まおうたい》漢墓は地上に五〜六メートルの墳丘で守られ、一号墓の棺は四重の木材におおわれて厚みを増し、その外に大きな槨室《かくしつ》があり、棺の四方の空間には多くの副葬品が収められていた。

馬王堆一号墓《まおうたいいちごうぼ》も三号墓も棺を囲む地下の槨室が実に高い木工技術で作られている。槨室《かくしつ》を地下深くに埋め、槨室《かくしつ》表面を木炭でおおい、その上を白膏泥《はくこうでい》で固め、さらに地上に墳丘の盛り土をする構造は、秦の地方官吏墓でも共通しており、それは始皇帝陵にも通ずる工法であろう。ただ、その建造の精度と大きさが違う。地下一一メートルの睡虎地十一号秦墓《すいこちじゅういちごうしんぼ》は棺のなかに竹簡が残っていた。馬王堆一号墓では地下一六メートル、三号墓で地下一〇・三メートルと深いので、一号墓では棺のなかに遺体が残り、槨室《かくしつ》には竹簡が、三号墓では槨室に竹簡や帛書《はくしょ》が残っていた。二号墓はなぜか地下五・二五メートルと浅く、棺槨《かんかく》の木材が腐り崩れていた。密封の精度がもっとも高く、もっとも深くに棺槨を設けた始皇帝陵の場合、遺体や簡牘《かんとく》が残されている可能性は高いといえる。

馬王堆《まおうたい》一号墓の槨室のもっとも外側の大きさは、長さ六・七二メートル、幅四・八八メートル、高さ二・八メートル。一本の釘も使用せず、針葉樹の杉の大木から切り出した素材を隙間なく組み合わせて密封の部屋が作られている。木材の最大のものは長さ四・八四メートル、幅一・五二メートル、厚さ二六センチメートル、重さ三トンもある。棺槨に施したほぞ継ぎ、相い欠け継ぎ、だぼ継ぎ（丸い棒を両方に打ち込む）など木工の接合技術は巧みであ

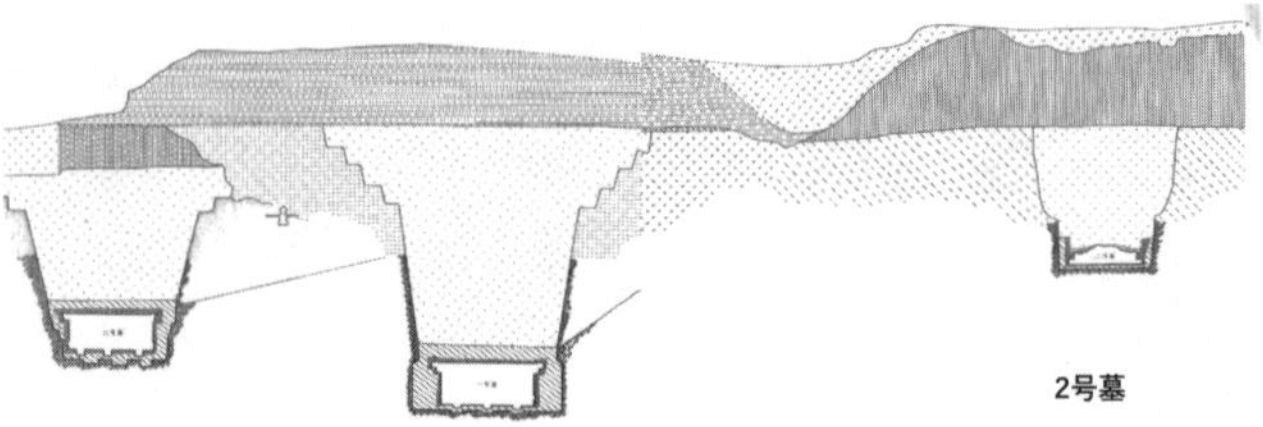

3つの馬王堆漢墓（『長沙馬王堆二、三号漢墓』）

る。棺の方は梓《あずさ》（ノウゼンカズラ科の落葉高木）の素材で四重に作られている。一〇センチ以上の厚さの板を四枚も重ねれば、五〇センチ以上の厚みとなる。遺体は極度の密封状態で守られた。

椁室には厚い板で井の字形に仕切られた椁箱《かくしょう》という空間が四つある。北椁室がもっとも広く重要な空間である。副葬品も朽ちることなく、もとの状態で残されていたが、三層に積み重ねてあったために、発見された状態は乱雑にみえた。丹念にもとの状態をたどってみると地下の死後の世界にどのように物がなぜ運搬されたのかを推測できる。始皇帝陵に宮観《きゅうかん》・百官《ひゃっかん》の珍奇《ちんき》な物を運んだ意味がここから理解できる。

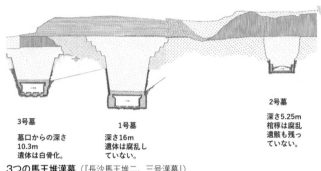

椁室の埋蔵物

一号墓の椁室《かくしつ》を見ると、埋蔵物は乱雑に投げ込まれてい

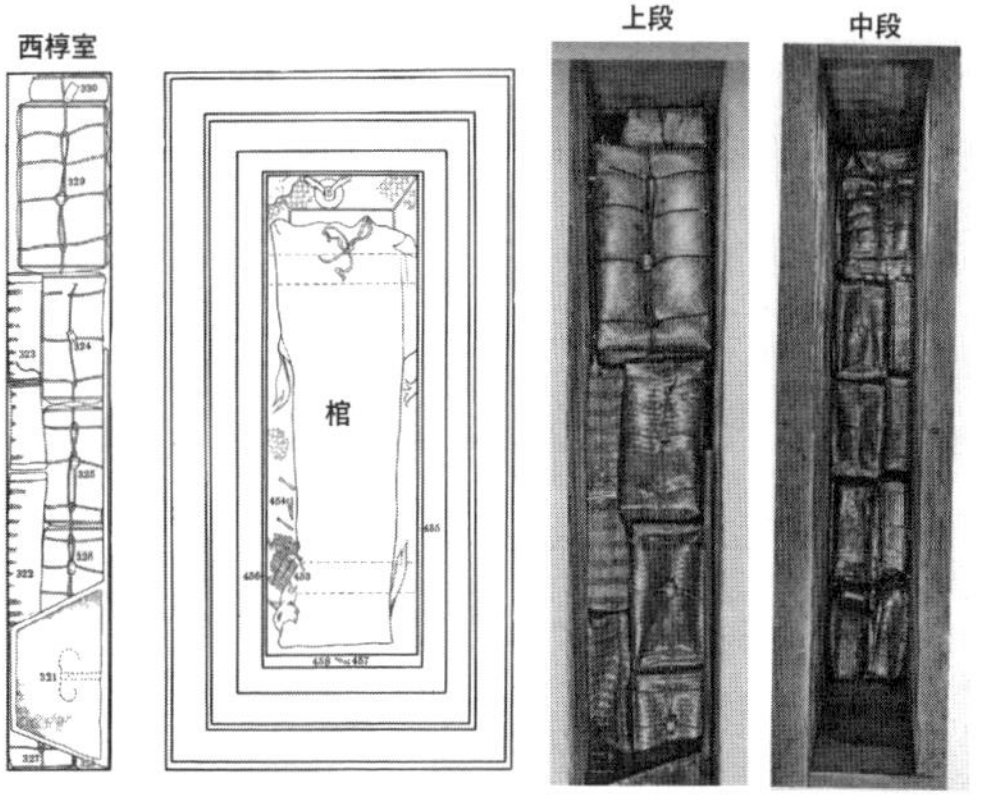

馬王堆一号漢墓西椁室の竹笥（『長沙馬王堆一号漢墓』）
上下に重ねて収めている。

るわけではなく、整然と物を仕分けて配置していたことがわかる。北椁室《かくしつ》には軑侯《たいこう》夫人の衣食住の世話や歌舞をする侍女の木俑が収められた。生前の姿であり、死後の姿でもある。東椁《かく》室《しつ》には遣策《けんさく》の竹簡三一二枚が収められ、軑侯《たいこう》家に仕える戴冠《たいかん》（官吏を意味する）の男子俑が入れられた。南椁室《かくしつ》には官人の最大の大きさの男子俑が置かれた。西椁室《かくしつ》は竹笥（竹行李《たけごうり》）に詰めた食物で満たされていた。三三件もの竹行李は紐で結ばれ、結び目に粘土を付着させて「軑《たい》侯家丞《こうかじょう》」や一部「右尉《うい》」などの印で封印してあった。上段に七、中段に一六、下段に一〇と整然と収められ、木牌《もくはい》（荷札）には封印したなかの物品名が記されている。差し出し人はほとんど軑侯家丞《たいこうかじょう》であり、届け先は記されていない。

封泥は地上から地下の世界に送り、地下の世界で開封されることを想定したものであろう。食品（発掘時の鶴、鹿、雁、豚、雉《きじ》、狗《いぬ》、羊、牛、兎の骨は挿入時は骨付き肉であったのだろう）は本物を収め、玉璧、象牙は木製、黄金は泥土による代替品であった。始皇帝陵の地下に送った宮観・百官の珍奇な品々もこのようなものであったかと思われる。

三号墓の椁室《かくしつ》も基本的には一号墓と同じであるが、違いもある。北椁室《かくしつ》には舞楽の木俑のほか六博《りくはく》の盤や駒、骰子《とうし》（さいころ）などが完全な形で収められていた。西椁室《かくしつ》には竹行李、南椁室《かくしつ》には飲食の漆器などが見られる。遣策《けんさく》の竹簡・簡牘《かんとく》四〇九枚は西椁室《かくしつ》に収められ、もっとも注目すべきものは東椁室《かくしつ》の漆器の箱に収められた帛書群である。

地下世界への書簡

三号漢墓の東椁室《かくしつ》に入れられた一枚の竹牘《ちくとく》に「（右一行目）十二年二月乙巳朔戊辰《いっしさくぼしん》、家丞奮移主蔵郎中、移（二行目）葬物一編、書到先撰、具奏主蔵君」と書かれている。蔵の字は籀文《ちゅうぶん》（周の太史籀の作った文字、大篆）に近い篆隷《てんれい》体で蔵の下に貝の字が付く。「（文帝前）十二（前一六八）年二月乙巳朔の戊辰の日（二四日）に、軑侯家《たいこうけ》の丞《じょう》の奮《ふん》が主蔵《しゅぞう》（地下で埋蔵品を管理する官吏）の郎中《ろうちゅう》（近臣）に葬物《そうぶつ》を一編送りますので、この文書が届きましたらご確認ください。具《つぶさ》に主蔵君《しゅぞうくん》に奏上いたします」という内容である。

ここでいう葬物一編とは何を指すのであろうか。報告書では遣策《けんさく》の一編の冊書と解釈している。東椁室に置かれたこの紀年竹牘《きねんちくとく》を、西椁室の四〇九枚の遣策《けんさく》の冒頭の一枚として簡一という番号をふり、簡二の番号をふった「家丞《かじょう》一人」以下につなげてしまった。ほかの五枚の木牘は、竹簡の文書のなかに含まれていた、簡四二、五九、七三、一〇四、二三六の五枚である。一行書きには竹簡を用いるが、複数行の場合は竹の幅を超えるので、一般に木牘が用いられる。一行書きの竹簡は幅一センチメートル、木牘の場合は簡四二で幅二・五センチメートル、三行書きである。簡五九は三行で二・二センチメートル、簡七三は三行で二・九センチメートル、簡一〇四は三行で二・四センチメートル、簡二三六は七行と多く、四・五センチメートルとなる。木牘の文章はすべて右方《うほう》（右の物）で始まり、簡二〜四一、簡四三〜五八、簡六〇〜七二、簡七

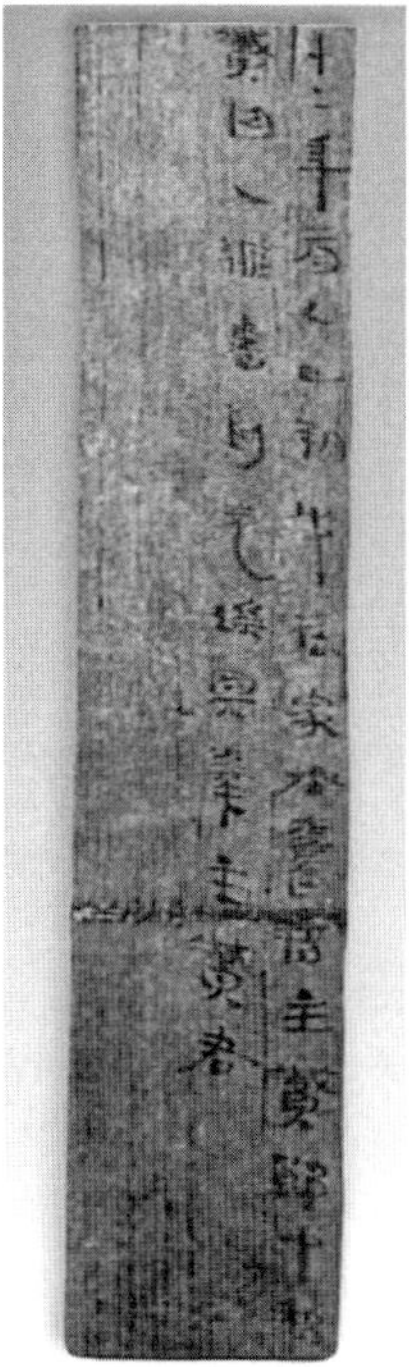
馬王堆3号漢墓出土紀年竹牘（『長沙馬王堆二、三号漢墓』）

四～一〇三、簡一〇五～二三五の五種類の内容の竹簡をまとめたものが五枚の木牘である。これらを右方木牘《うほうもくとく》といっておこう。簡一は二行で幅三・五センチメートルであるが、これらの右方木牘とは違い、材質からも竹牘である。西椁室とは別に、単独で東椁室に置かれた意味があるはずである。紀年竹牘の位置は漆奩《しつれん》に近く、あるいは竹笥《ちくし》の上に置かれているようにも見える。西椁室に束でまとめられた遣策《けんさく》とは別に考えたい。

遣策

墓室に収めた副葬品のリストを遣策《けんさく》という。地下への遣り物を策（簡）に記したものをいい、『儀礼《ぎらい》』既夕礼《きせきれい》の「遣《けん》を策《さく》に書《しょ》す」に由来することばである。戦国楚墓出土の竹簡（望《ぼう》山楚簡《ざんそかん》・天星観楚簡《てんせいかんそかん》・曽侯乙墓楚簡《そうこうおつぼそかん》・包山楚簡《ほうざんそかん》・信陽楚簡《しんようそかん》・新蔡葛陵楚簡《しんさいかつりょうそかん》・仰天湖楚簡《ぎょうてんこそかん》）に遣策《けんさく》の出土例が多く、それは秦を超えて漢代の墓（鳳凰山前漢簡《ほうおうざんぜんかんかん》・高台前漢簡《こうだいぜんかんかん》・印台前漢《いんだいぜんかん》簡《かん》・松柏前漢簡《しょうはくぜんかんかん》・謝家橋前漢簡《しゃかきょうぜんかんかん》・馬王堆一号前漢簡《まおうたいいちごうぜんかんかん》・馬王堆三号前漢簡・儀徴胥浦前漢簡《ぎちょうしょほぜんかんかん》）にも引き継がれている。しかし、秦の時代の遣策《けんさく》の例はない。あってもおかしくないはずである。馬王堆《まおうたい》一号漢墓では東椁室《かくしつ》の北側第一層（上部）に遣策《けんさく》三一二枚の竹簡が収められている。竹簡の長さの二七・六センチメートルは一尺二寸に相当する。幅は七ミリメートル、綴《と》じ紐《ひも》も分断されているが少し残されている。埋葬品の種類がわかるので右方木牘《うほうもくとく》だけを取り出してみる。

簡一〇は簡一～簡九の羹《こう》（あつもの）九鼎をまとめたもの

簡一八は簡一一～一七の白羹《はっこう》七鼎

簡二二は巾羹《きんこう》三鼎

簡二六は逢羹《おうこう》三鼎

簡二九は苦羹《くこう》二鼎

簡三三は魚牛鹿肉の四笥

簡三七は牛鹿の脯《ほじし》の三笥

簡四六は牛、犬、豚、鹿肉の炙肉《あぶりにく》

簡五〇は魚責、鯉、白魚などの魚肉

簡五五は牛の胃、脾《ひ》などの肉

簡六〇は牛、羊、鹿、魚の膾《なます》四器

簡六八は牛、犬、豚、羊の肩肉

簡八〇は豚、兎、鶴、雁、雉、鶉《うずら》、鶏、雀の熬肉《ごうにく》十一笥（雉《きじ》の骨の竹笥、野兎の竹笥）

簡八四は卵、羊・兎の腊《せき》（ほしにく）三笥
簡八八は胃の脯《ほしじ》など
簡一〇二は肉醤《にくしょう》、雀醤《じゃくしょう》、馬醤《ばしょう》、魚脂など
簡一〇七は醓（醢《しおから》）醤四資《し》
簡一一二は酒九資
簡一一九は蜜や糖など十一笥と帛嚢《はくのう》（絹の袋）七
簡一二四は糖など
簡一二七は蒸煎《じょうせん》の物（蒸したり煮たりした物）二笥
簡一三二は粟稲麦の食盛
簡一三七は棗《なつめ》、梨、干し梅など
簡一四一は梅、笋《たけのこ》
簡一四七は米、麹《こうじ》
簡一五三は葵、麻などの種子
簡一五七は笋、瓜などの漬物
簡一六〇は香草

簡一六七は鳩肉など
簡一七一は温酒、米酒の壺
簡一八七は幸酒杯《こうしゆはい》三〇枚
簡一九一は盤や匜《い》
簡一九四は幸食杯《こうしよくはい》一〇〇枚
簡一九七は小具杯《しようぐはい》二〇枚など
簡二〇〇簡は勺《しやく》
簡二〇四は盂《う》や盤に盛った稲麦食
簡二一一は盤
簡二一三は食検の稲食
簡二一五は小漆盤
簡二一九は机・屏風などの木器
簡二二四は瓦器
簡二二八は簍《ろう》（竹籠）
簡二三五は鞘つきの象牙の刀

簡二四五は非衣
簡二五八は枕
簡二六三は履《くつ》
簡二八三は竹器
簡二八五は笥
簡二九一は席
簡二九八は土製の珠・金・銭
簡三〇四は土製の牛羊豚犬
簡三一二は土製の鳥
などである。

五一枚の右方簡によって、副葬品も五一種におおまかに分類されていることがわかる。遣策《けんさく》に書かれた所蔵品の数と種類の多さ、五十数歳の女性、三十数歳の男性が死後の世界を永遠に生きていくためにはこれだけの物が必要であったのだろう。

鼎には調理した羹《こう》（実入りスープ）などの液体が入れられ、竹行李には調理した肉類や食材、陶器の容器には肉醤など調味料、酒、塩などが収められた。そのなかに欠けているものは、書籍や文書であるが、三号墓では一号墓と異なって書籍が数多く含まれていたのである。

書籍の帛書《はくしょ》を収めた箱は、遣策《けんさく》では「布繒検《ふそうけん》一」（簡二七〇）と記録されているだけであり、中身は遣策《けんさく》のリストに挙げられていない。検《けん》とは奩《れん》にも通ずる箱であり、絹張りの大切な箱であった。この遣策《けんさく》に挙げられた物品は、始皇帝陵の埋蔵品を考える際にも参考になる。

竹行李の物品の封印

竹笥《ちくし》（竹行李《たけごうり》）は一号墓で四八個、うち三三個が西槨室《かくしつ》（大きさは長さ二・九六メートル、幅四六センチメートル、高さ一・四四メートル）に三段にきっちりと積み重ねられていた。下段は上の重みで破損が大きいが、上段、中段のもの二四個は保存がよい。紐《ひも》でしっかりと梱包《こんぽう》され、結び目には封印の封泥《ふうでい》がつき、内容を示した木牌《もくはい》が結ばれている。大きさは大中小と分かれるが、中の大きさで長さ四八～五〇センチメートル、幅二八～三〇センチメートル、高さ一五～一六センチメートルである。上段北端の竹行李がもっとも大きく、長さ六九・五センチメートル、幅三九・五センチメートル、高さ二一センチメートル。槨室に合わせた幅（長柄の竹扇の幅がぴったり西槨室の幅に合う）で、紐と封泥もよく残されている。

封泥による物品の封印は、渭水《いすい》南の秦咸陽《かんよう》城内で発見された六〇〇〇件以上の封泥がどの

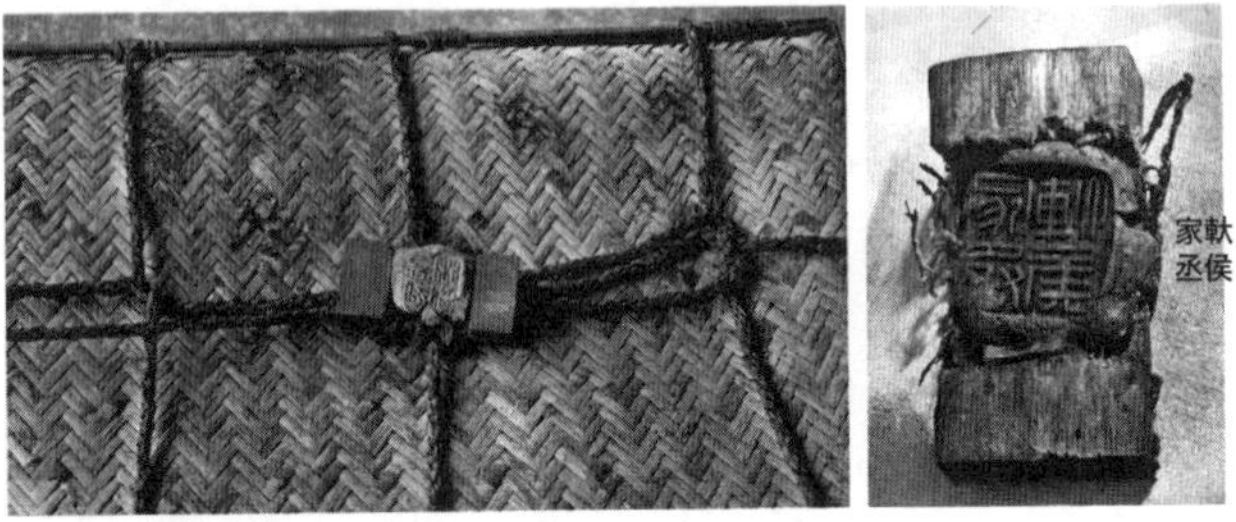

竹笥と封泥匣（『長沙馬王堆一号漢墓』）
封泥匣の上下は凸面の間に凹面あり。印章はこの方向に押す。
梱包の紐は凹面を通すので封泥の文字は横になる。

ような物を封印していたのかを知る意味でも、大いに参考になる。一号墓西椁室《かくしつ》上段の四件、中層の四件の竹笥の上部中央には封泥がよく残されている。最大の竹笥は、紐の結び目に封泥匣《ふうでいこう》という長さ二・五センチメートル、幅二・五センチメートルの凹凸の板が付けられていてその凹面に縦横に交差する紐を合わせて粘土でおおい、押印する。固まったものを封泥といい、封泥を壊さなければ梱包の紐をほどくことはできない仕組みである。封泥匣の紐は竹笥の紐とは別にしてあり、梱包した紐の交差した箇所に回り込むようにしているところが面白い。こうすれば梱包するときにまとめて封泥用の紐を装着することができる。受け取り側は、紐を切断して封泥を保管する。封泥には差し出し側の官庁名が残る。ここでは「軑侯《たいこう》家《か》丞《じょう》」は物品の送り手であり、受け取り人はしいていえば地下の官吏である。地下の官吏に開封を委ねた

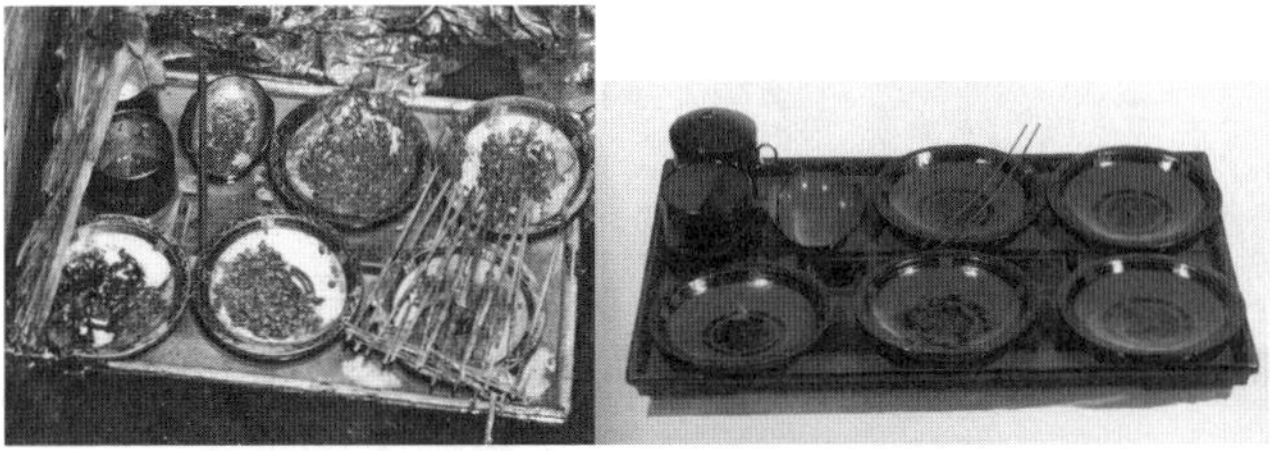

膳（左は発見時の状態）（『長沙馬王堆一号漢墓』）

のであろう。三号墓の竹笥には軑侯《たいこう》家丞《かじょう》以外にも「利豨《りき》」の封泥（東椁の竹笥）が一件確認されている。みずからの名の私印で封印した竹笥に何が入っていたのかは確認できない。

膳

一号墓北椁室《かくしつ》の西端の最上段には、膳《ぜん》（漆案《しつあん》）に漆器の食器と食物が載ったまま発見されている。案は一号墓で二件、三号墓で三件出土していて、四隅に小さな足がついている。食器は小さな盤（平たい皿）が五つ、小酒耳杯《しゅじはい》が一つ、卮《し》が二つ、そして竹の箸《はし》一膳と、竹の串が残されていた。盤と耳杯には食物がそのまま残された状態で収められていた。膳は一人で食する分量であり、地下の死者に饗するものであろう。三号墓西椁室北部の最上段にも案《あん》の上に二升卮《にしょうし》二つ、七升卮《しちしょうし》二つが載っていた形跡がある。隣に酒を貯蔵した鈁《ほう》と壺《こ》の蓋《ふた》、そこから酒を汲《く》む勺《しゃく》があり、匜《い》（一号墓、三号墓二件ずつ、同じ紋様）も日本の片口《かたぐち》に似ており、酒

睡虎地13号秦墓出土耳杯盒
（『雲夢睡虎地秦墓』）

馬王堆1号墓出土具杯盒
（『長沙馬王堆一号漢墓』）

秦と漢の耳杯箱

を杯に注ぐのに便利である。案の下にも七升卮《し》と七つの小酒耳杯を入れた具杯盒《ぐはいごう》（耳杯盒と同じ）や、三件の壺があり、酒器類が集中している。

卮《し》は円筒形で蓋と丸い取っ手付きの酒器のことである。日本の徳利《とっくり》にあたる。卮は容量に応じて二升（直径九センチメートル、高さ九・五メートル）、七升（直径一三・八センチメートル、高さ一五センチメートル）、一斗（直径一五・五センチメートル、高さ一六センチメートル）と大中小あるが、このものは二升の卮である。一升といっても日本の一合程度、十分の一の容量である。徳利《とっくり》にも一合、二合など大小あるのに似ている。あの鴻門《こうもん》の宴で項羽《こうう》が樊噲《はんかい》に賜った卮酒《ししゅ》は斗卮《とし》酒《しゅ》、一斗入りの大きな卮《し》であった。卮《し》には足付きのものもあり、本来は直接口をつけて飲むものではない。

睡虎地秦墓《すいこちしんぼ》の足付きの卮《し》は漆尊《しっそん》（直径一二・二セ

ンチメートル、高さ一三・八センチメートル）と命名されている。父利蒼《りそう》の馬王堆二号墓からは、珍しい玳瑁卮《たいまいし》（直径八・四センチメートル、高さ十三・六センチメートル）というものが出土している。両者の形は酷似している。玳瑁《たいまい》卮《し》は二升卮《し》を縦に二倍した大きさであり、四升卮《し》といえるかもしれない。

　耳杯《じはい》にも四升（長さ二三・六センチメートル、幅一八センチメートル、高さ八センチメートル）の大酒耳《しゅじ》杯《はい》と二升の中酒耳杯《しゅじはい》（長さ一七センチメートル、幅一三センチメートル、高さ四・五センチメートル）とさらに小さい小酒耳杯《しゅじはい》（長さ一四・五センチメートル、幅一〇・五センチメートル、高さ三・七センチメートル、容量は半升程度）がある。中耳杯《じはい》二杯分が一つの中卮《し》に入るから、卮《し》はさらに大きな貯蔵の容器から汲み置いて膳に載せる酒器であり、耳杯《じはい》に注いで飲むものであろう。酒を汲む容器が匕《ひ》である。酒を貯蔵する大き

睡虎地秦墓出土の漆尊
（『雲夢睡虎地秦墓』）

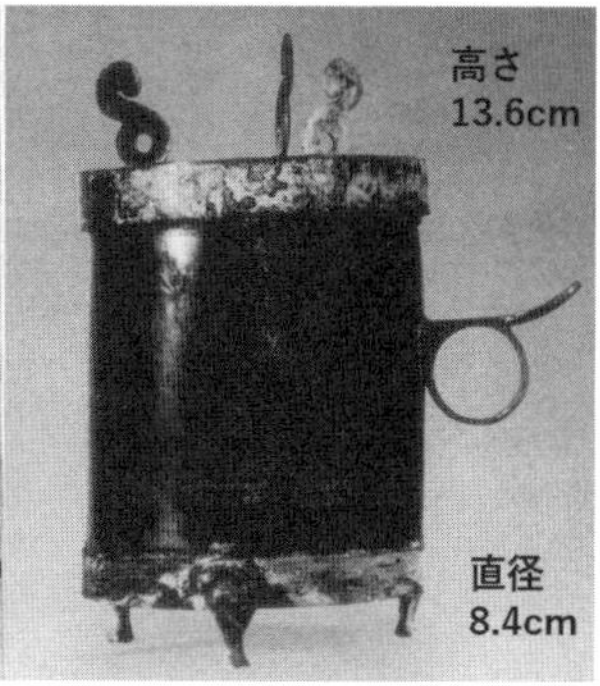

馬王堆2号墓出土の玳瑁卮
（『長沙馬王堆二、三号漢墓』）

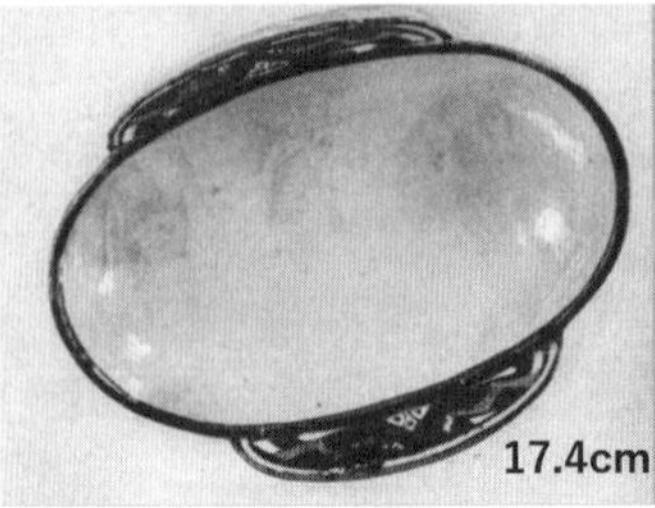

雲夢睡虎地秦墓出土耳杯
（『雲夢睡虎地秦墓』）

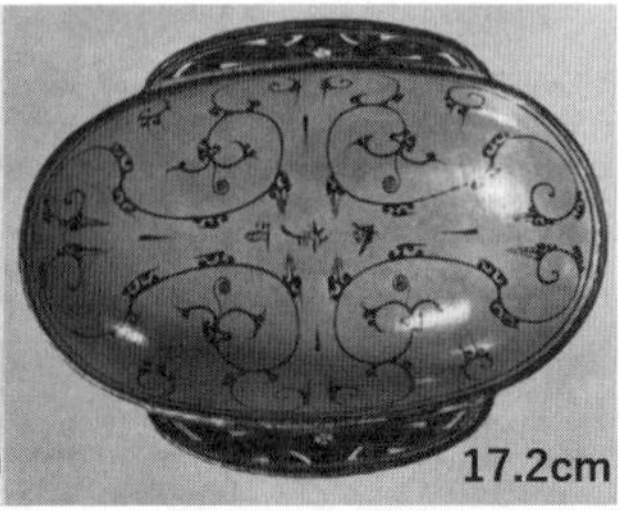

馬王堆1号漢墓1升巻雲紋漆耳杯
（『馬王堆一号漢墓』）

な容器としては漆器の鍾《しょう》（一石《こく》、十斗）や鈁《ほう》（四斗）、壺《こ》がある。

この事例をみると、竹行李に厳重に貯蔵封印した食物とは別に、埋葬時に一人分の膳が供えられていたことがわかる。三号墓でも七人が小酒耳杯《しゅじはい》で飲酒するのに十分な酒と酒器が備えられていた。

耳杯文化

馬王堆漢墓《まおうたいかんぼ》では漆器の耳杯《じはい》の埋蔵数は実に多い。一号墓では九〇件あり、ただ同じ耳杯《じはい》でも食物用と飲酒用があり、容器の内底に前者には「君幸食《きみしょくにさちあれ》」、後者には「君幸酒《きみさけにさちあれ》」と区別して書かれてあることがある。君は軑侯利蒼《たいこうりそう》、利豨《りき》を指し、軑侯家《たいこうか》の君が幸いに飲食されますようにという祝いのことばである。食杯と酒杯では若干大きさが違う。九〇件のうち食物を入れる耳《じ》杯《はい》は五〇件、酒杯は四〇件となる。食耳杯《しょくじはい》は一升半の容量で、一升の酒耳杯《しゅじはい》より若干大きい。三号墓では一四八もの耳杯《じはい》が収められていた。うち食耳杯《しょくじはい》が九八、酒耳杯《しゅじはい》が五〇、酒耳杯のう

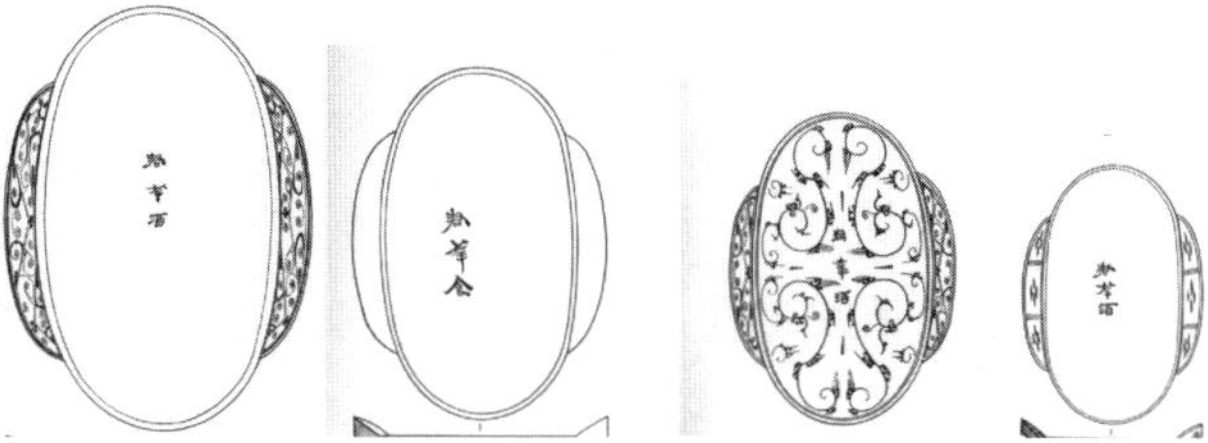

馬王堆1号漢墓　大中小酒耳杯と食耳杯（『長沙馬王堆一号漢墓』）

ち四升の大酒耳杯《しゅじはい》が一〇件、一升の中酒耳杯《しゅじはい》が一五件、小酒耳《しゅじ》杯《はい》が二五件あった。個人の酒量に応じて大きさを選択したのであろうか。耳杯《じはい》の数だけの会食者がいたことになる。小酒杯は九や七の数で漆器の箱の具杯盒《ぐはいごう》に収まっている。容量は一升の半分程度（一二〇ミリリットル）である。耳杯《じはい》は明らかに集団で祭祀や宴会の際に飲食する道具である。当時の飲食は一人ずつ膳《ぜん》の前に正座して会食した。

長さ一七センチメートルの大きさの一升の中酒耳杯《しゅじはい》は、睡虎《すいこ》地秦墓《ちしんぼ》にも多く出土しているので、秦代の地方官吏の世界でも常用の酒器であったことがわかる。睡虎地秦墓《すいこちしんぼ》全部で一一四件も出土している。卮《し》も八件出土している。直径一〇センチメートル、高さ一〇センチメートルの大きさは馬王堆漢墓《まおうたいかんぼ》の二升の卮《し》に相当する。卮《し》と酒耳杯《しゅじはい》はそれぞれ膳に供えられた酒器である。当時は、みずからが卮《し》から酒耳杯《しゅじはい》に酒を注ぎ、相手に酌《しゃく》をするわけではなかった。

帛書の箱の秘密

馬王堆《まおうたい》三号墓の東槨室《かくしつ》には紐で結んだ黒漆《こくしつ》の奩《れん》（箱）が収められていたが、それを改めて取り上げたい。奩《れん》には円形、楕円形、長方形などいろいろな形のものが出土しているが、馬《ま》王堆《おうたい》三号墓のものは山形の蓋付きの長方形の漆奩《しつれん》であり、表面には紐が付いており、箱を封印した形跡がある。横五九センチメートル、縦三七・五センチメートル、高さ二一センチメートルの大きさで、発掘時は二人の手で開いた様子が映像で伝わっている。槨室の上段に置かれていたので保存がよい。遣策《けんさく》では「布繒検《ふそうけん》一」（簡二七〇）と呼んでいたことはすでに述べた通りである。馬《ま》王堆《おうたい》一号墓の遣策《けんさく》でも簡二三三「布繒検一中有鏡《なかにかがみあり》」という記載は鏡を入れた布とあやぎぬ張りの胎に漆を塗った容器を示している。奩《れん》に収めた物は遣策《けんさく》には書かれていない。秘密裏に利豨《りき》の遺品を収めて封印したのかもしれない。

奩《れん》の内部は五つに仕切られ、

①上端の前幅五九センチメートルの長方形
②左中段左は半幅の長方形
③左下段は半幅の長方形
④右中段は半幅の長方形

右は中央新聞記録電影制片廠・中国人民解放軍八一電影制片廠・北京科学教育電影制片廠「馬王堆二、三号漢墓発掘記」の映像。

開封場面の映像

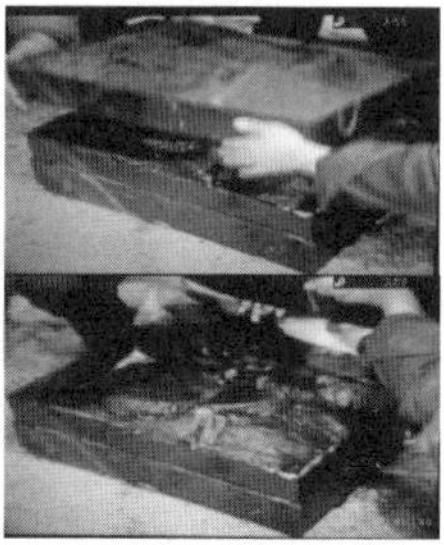

上段に絹製品を収める。

馬王堆3号漢墓東槨室出土の長方形黒色漆箱

⑤右下段は半幅の長方形に分けられている。全幅五九センチは二で割ると半幅の二九・五センチメートル、中央の仕切りは一尺二三センチメートルで、一尺二寸二七・六センチメートルの長さの簡牘《かんとく》がゆうに収まるサイズである。不規則な仕切りは、明らかにここに収めるべき竹簡の束と折りたたんだ帛書《はくしょ》・帛画《はくが》の大きさに合わせたものであり、仕切りの大きさに合わせて折りたたんだものではないと思われる。前例がない竹簡・帛書《はくしょ》を収めた漆奩《しつれん》は、母が子の利豨《りき》のためにわざわざ作ったものであろう。ここから読み取れる情報をまとめてみよう。

①は横に細長く、枠内には二〇〇枚の竹簡医書二巻（二束《たば》）と帛画《はくが》の『導引図《どういんず》』（横の長さ一〇〇センチメートル、縦幅は全幅の五〇センチメートル）、

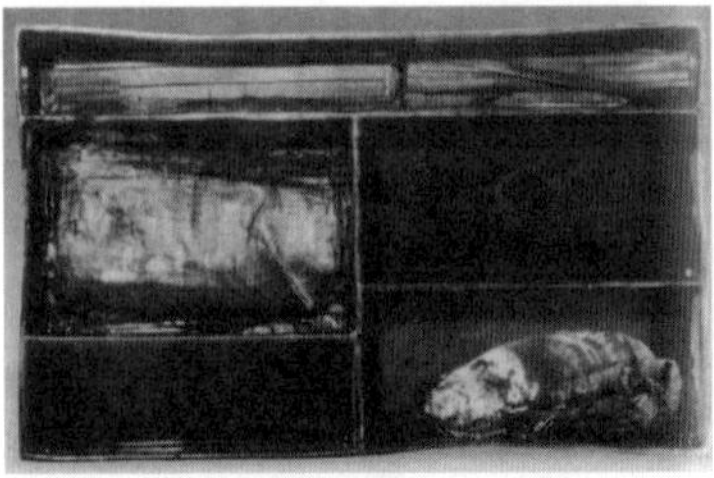

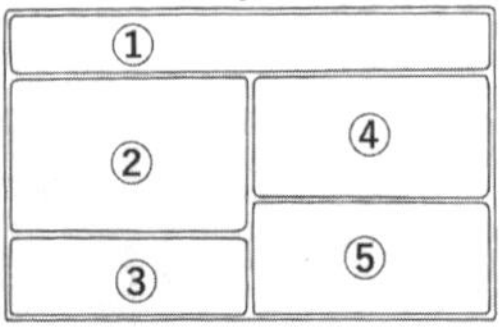

漆箱の下段
(『長沙馬王堆二、三号漢墓』)

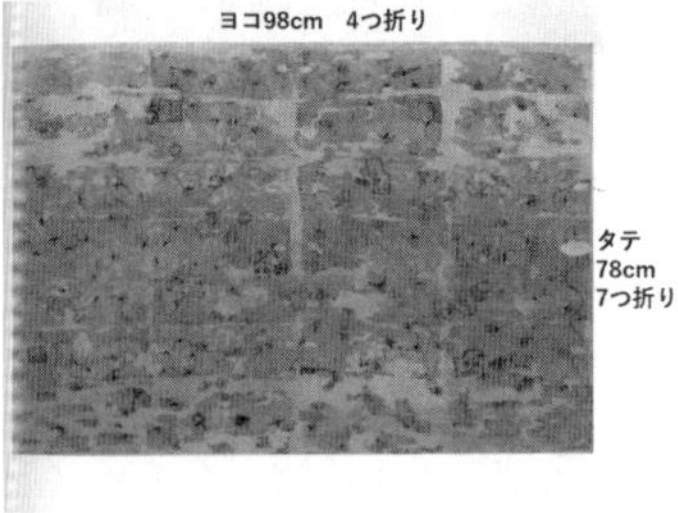

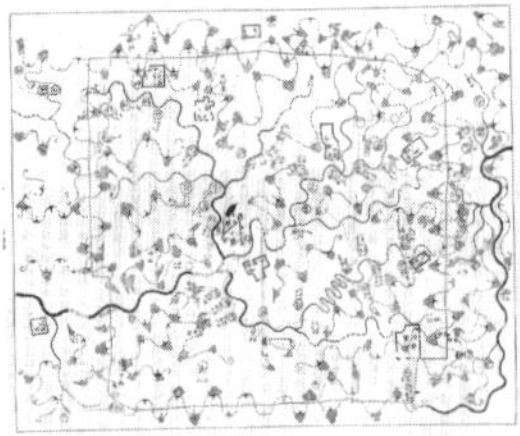

馬王堆3号漢墓出土駐軍図
中央の△が中枢の軍隊、周囲に周都軍、徐都軍など将軍名を冠した都尉軍が駐屯する。
河川沿いの○は聚落の里。地図上に駒のように動かして、軍略を練ったのであろう。
右は折りたたんだ大きさ。
下２点は地図の部分拡大。

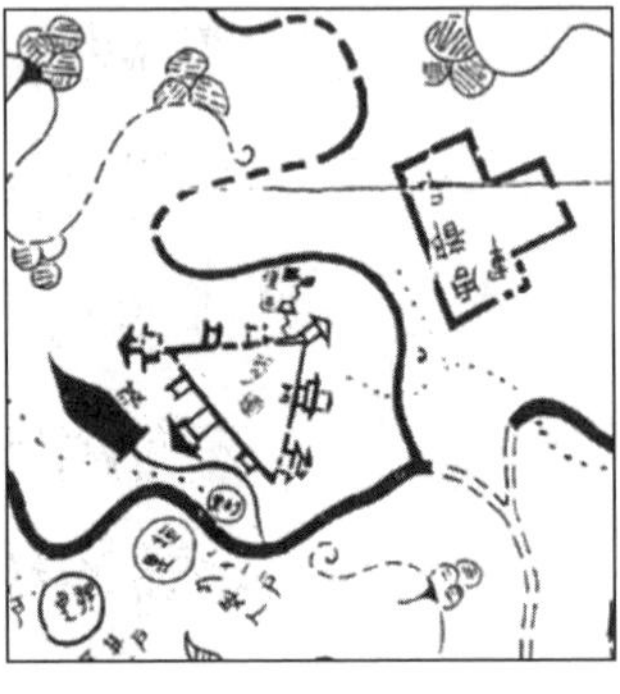

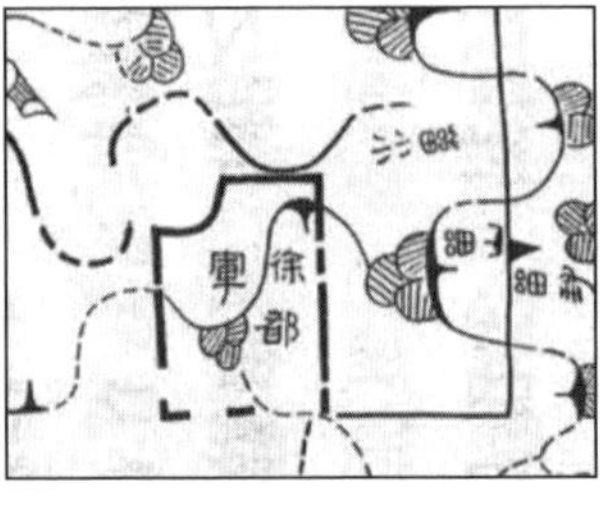

帛書《はくしょ》『老子《ろうし》』甲本《こうほん》（半幅二四センチメートル）、古佚書《こいつしょ》、『春秋事語《しゅんじゅうじご》』が収めてあった。全幅五〇センチメートルの帛画《はくが》は半分に折らずに収められている。すべてが竹簡の書であれば収めきれないほどの書籍が、帛書《はくしょ》で折りたたんだり、軸巻にしてコンパクトにすることで収め切れたのである。

「地形図」、「駐軍図」の地図と、図入りの軍事占いの「刑徳《けいとく》」という書の帛書《はくしょ》は、折り目がしっかりとついていてそこに裂け目が走っている。そのほかのほとんどの書籍の帛書《はくしょ》は細かな折り目がないので、地図と「刑徳」の帛書《はくしょ》は漆奩《しつれん》に入れる前から、折りたたんで読まれていたものと考えられる。軑侯利豨《たいこうりき》自身が生前に使用していたものであろう。「地形図」と「駐軍図」に描かれている場所は、始皇帝の時代の百越《ひゃくえつ》戦争の戦場であった。竹簡や簡牘の地図は携帯には不便である。私たちがマップを折りたたんで使用し、閉じたり広げたりするうちに折り目の線が裂けてしまうのと同じである。地図は軍事的機密でもあり、平常時には畳んでおくべきものであろう。

地形図は九六センチメートル四方の正方形、横は四つ折り、縦は八つ折りにした裂け目があり、それに従って折りたためば横二七センチメートル、縦一二センチメートルのサイズとなって漆奩《しつれん》の枠内にちょうど収まる。駐軍図は横九八センチメートル、縦七八センチメート

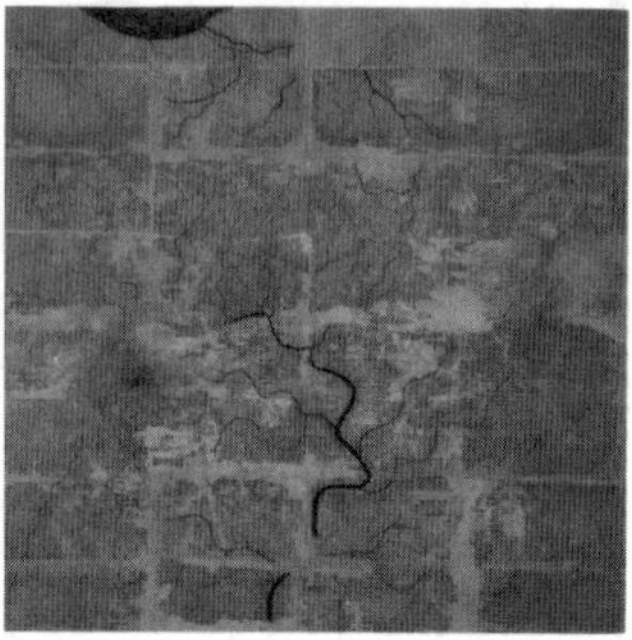

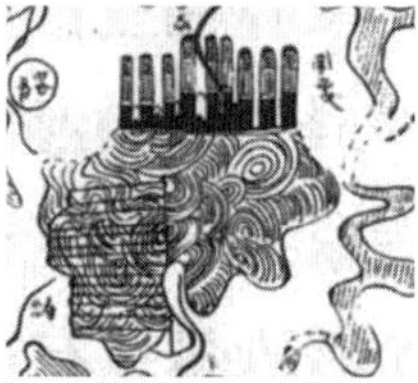

九つの嶺が連なる九疑山

帛書地形図（『長沙馬王堆二、三号漢墓』）
南の南海（広州湾）が上に描かれている。中央に湘水、左に始皇帝が憧れて訪れられなかった帝舜を祀る九疑山が描かれている。
折り目あり、折り方がわかる。96cm四方の方形の地図は横4、縦8に折られ、1片は24cm×12cmとなり、コンパクトな折りたたんだ地図となる。

ル、折り目通りに横四つ折り、縦七つ折りにすると、横二四センチメートル、縦一一センチに収まる。「刑徳」は横八四センチメートル、縦四四センチメートル、横六つ折り、縦二つ折りで畳めば横一四センチメートル、縦二二センチメートルとなる。帛書《はくしょ》の地図は漆奩《しつれん》の中での経年劣化よりも、埋蔵する前に実際に使用したことによる折り目の劣化といえる。

箱の帛書《はくしょ》の下には、蛎殻《かきがら》と乾燥した青蛙《あおがえる》（トノサマガエル）の死骸が挿入されていた。これは一見奇妙な取り合わせのようである。しかし蛎殻《かきがら》の石灰成分はタンパク質の動物繊維でできた帛書《はくしょ》に防湿効果があるし、蛙が分泌する粘液質も絹には保存効果があったのかもしれない。あるいは両方とも薬剤であった可能性もある。墓のなかに収めた書籍や地図を腐乱しないようにするこまやかな意識がうかがえるのは驚くべきことである。

この容器の①には竹笛二件（長さ二一・二センチメートルと二四・六センチメートルも入っていた。利豨《りき》が愛用していた楽器であろう。

帛書のジャンル

それにしても膨大な書籍類を地下の子になぜ送ったのか。睡虎地《すいこち》秦墓などは法制文書が中心であったが、ここでは純粋に書籍である。そこには夫の爵位を継承したものの、若くして亡くなった嫡子《ちゃくし》にたいする母の思いが伝わってくる。夫利蒼《りそう》の墓と夫人辛追《しんつい》の墓は東西に並んでいるが、利豨《りき》の墓は母の南側に寄り添うように配置されている。三〇種もの帛書《はくしょ》と同じ内容がもし竹簡に書かれていたならば、とうてい小さな箱には収まらなかった。帛書《はくしょ》の書籍は例がないので、小さな箱に収めるために、わざわざ竹簡の書籍を絹地に写したのであろう。絹地には竹簡の幅で朱色の罫線《けいせん》が引かれていた。まさに古代の小さな図書館といえる。

『老子』・『黄帝四経《こうていしきょう》』（黄帝の君臣の対話）・『周易《しゅうえき》』・『周易繋辞伝《けいじでん》』『戦国縦横家書《せんごくじゅうおうかしょ》』（戦国縦横家蘇秦らの故事、全二七章のうち十一章は『史記』『戦国策』に見えるが十六章は逸文）・『春秋事語《しゅんじゅうじご》』（逸書、春秋時代の故事）・『刑徳《けいとく》』（刑徳の運行と吉凶の占い）・『陰陽五行《いんようごぎょう》』（現在に伝わらない逸書）・『五十二病方《ごじゅうにびょうほう》』（五二の処方の医書）・『五星占《ごせいせん》』（五惑星の運行の記録）・『天文気象雑占《てんもんきしょうざつせん》』（彗星と雲気の占い）・『相馬経《そうまきょう》』・『社神図《しゃしんず》』・『城邑図《じょうゆうず》』（長沙臨《りん》湘《しょう》の都市図）『卦象図《かしょうず》』・『導引図』『地形図』『駐軍図』などの書籍と図を後世の『漢書』芸文志の図書分類（六芸：経書、諸子、詩賦、兵書、数術、方技）から説明しても意味がない。これらの帛書は、長沙国丞相の子利豨にとって、重要な意味をもっていたはずである。自らの健康に関わるもののほかに、長沙国は漢帝国の藩屏《はんぺい》であり、南の南越国との外交、軍事、交易の最前線を守るために必要な書籍の知識であり、情報であった。

李斯《りし》が焚書令《ふんしょれい》を提議したときには、文学、詩書《ししょ》、百家《ひゃっか》の語を焚書の対象とする一方、医薬（方技にあたる）・卜筮《ぼくぜい》（数術にあたる）・種樹《しゅじゅ》を対象からはずした。これも一つの分類であろう。

帛書《はくしょ》の字体は二種類あり、古隷《これい》は秦の時代の書体でもある。始皇帝がもし墓室に持ち込んだとしたらどのような書籍を選んだのか、馬王堆帛書《まおうたいはくしょ》の書籍は大いに参考になる。馬王堆《まおうたい》で

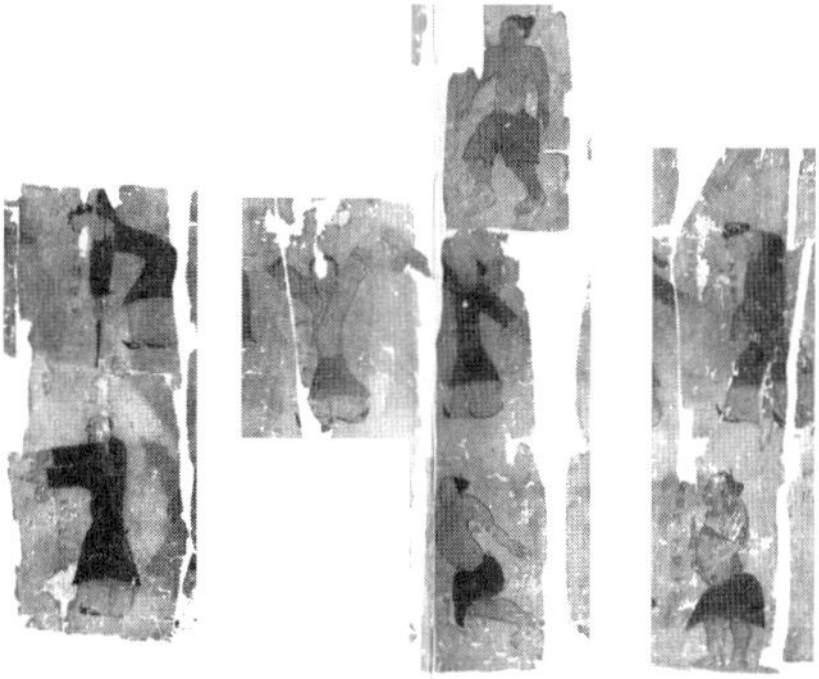

導引図帛画

導引図と命名した現在の健康体操の図。縦50cm、長さ100cm、44の動作が描かれている。地図とは異なり折り目はなく、畳む必要はなかった。母が子の健康のために収めたものだろう。

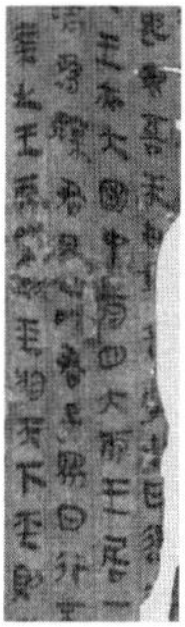

老子甲本

第25章から26章にかけての文章
2行目に「王も亦大、国中に四大有り、而して王は一に居る」と見える。道や天地と同様に王も四大の一つという。篆書度を残した字形。

老子乙本

第25章から26章にかけての文章
三行目に「天は道に法り、道は自ら然るに法る」の文章が見える。「天」「法」「自然」の字形、篆書度が少なく、隷書度が増している。

北京大学蔵前漢『老子』

第25章
「大或（域）中有四大而王居」の文字は篆書度が消えて隷書度が高い。

馬王堆3号漢墓出土『戦国縦横家書』

図版第1行目冒頭から「公孫鞅之欺魏卬、公孫鞅之罪也」の文章がみえる。この章は『戦国策』にもみえない貴重な逸文である。かつて秦の孝公に仕えた商鞅（公孫鞅）が信義に反して魏を欺いて攻撃したことを引き合いに出し、魏に秦を敵とする合従を勧める内容を伝える。文字は篆書度が高い。

は埋葬する遺族が被葬者にこれらの書籍をどのように読ませようとしたのか。母が何よりも願ったのは子の病気の治癒であったと思う。

長沙国の地

長沙国《ちょうさこく》の丞相《じょうしょう》利蒼《りそう》は、軑侯《たいこう》という地位の割に七〇〇戸と比較的少ない戸数の領地であったが、丞相という要職の重みは大きかった。前漢の南の辺境の長沙国は、始皇帝の時代に五〇万の兵を費やした百越《ひゃくえつ》との戦争の前線基地であった。秦の時代は洞庭郡《どうていぐん》、蒼梧郡《そうごぐん》などの郡で守られていたことが、近年発見された里耶秦簡《りやしんかん》という古井戸に廃棄されていた行政文書からわかるようになっている。その辺境の地を継続して守るために、漢の高祖《こうそ》劉邦《りゅうほう》は、劉氏一族の王ではなく地元に慣れた呉芮《ごぜい》に統治をまかせた。呉芮《ごぜい》は秦と戦った百越の力を借りて秦に抵抗し、陳勝《ちんしょう》の乱に呼応して立ち上がった。項羽《こうう》の配下では衡山王《こうざんおう》になったが、高祖劉邦の下では長沙王となり、臨湘《りんしょう》（長沙）に都を置いた。もともと長江南流域の秦の番陽県《はようけん》の県令であったが、番君《はくん》と呼ばれた在地の勢力であった。漢の時代になると越人《えつじん》を敵にして国境を守ることになった。子の呉臣《ごしん》、続く哀王回《あいおうかい》、恭王右《きょうおうう》、靖王著《せいおうちょ》と五代にわたって呉氏の長沙国を維持してきたが、景帝《けいてい》のときに呉楚七国《ごそしちこく》の乱の側に立ったことで廃されて、劉氏の長沙国に代わった。

三代目の哀王のもとで呉氏長沙国を支えていたのが、利蒼《りそう》であった。利氏は珍しい姓氏であり、項羽の将軍の利幾《りき》という人物は、高祖劉邦に抵抗して降伏している。『漢書《かんじょ》』は黎朱《れいしゅ》倉《そう》とも表記するが、一号墓から出土した玉印は「利蒼《りそう》」であり、利氏の表記で間違いない。呉芮《ごぜい》の呉氏と同様、長江一帯の在地の勢力となっていた。利氏は倉《そう》（蒼）、豨《き》、彭祖《ほうそ》、秩《ちつ》（扶）と四代にわたって軑侯《たいこう》の爵位を継承している。利豨の三号墓からは、前漢王朝における南方の藩屏《はんぺい》の守りをうかがわせる武器や地図が発見されている。秦末に独立した南越国《なんえつこく》との国境を守っていた。

馬王堆漢墓《まおうたいかんぼ》の出土品の多さは、七〇〇戸という封地の割に、豊かな家であったことを物語っている。利蒼《りそう》は夫人と後継の利豨《りき》によって埋葬されたのであろうが、二号墓は墓室がもっとも浅く、椁室《かくしつ》をおおう木炭層や粘土層もきっちりしていない。墓室は十分に密封されず、盗掘にも遭《あ》っている。利豨《りき》の三号墓を埋葬したのが、母と後継の彭祖《ほうそ》であり、最後に母を埋葬したのが三代目の彭祖《ほうそ》であったのだろう。埋葬には喪主の思いが強く反映している。

遺体の保存の知恵

馬王堆一号漢墓《まおうたいいちごうかんぼ》の遺体が皮下組織や内臓が腐敗せずに残されていたことから、死者がどのような衣服を着用し、どのように納棺されていたのかが具体的に明らかになった。次章で始皇帝の遺体について考える際にもっとも参考になる事例である。墓葬が発掘されても、遺骸だけが残されるのがせいぜいであるが、死者の身体的情況を細かく知ることができる。

では、遺体が腐敗せずに皮下組織が残されていた理由はどこにあったのであろうか。馬王《まおう》堆《たい》漢墓の三基の遺体の残り方を比べてみる。基本的に棺槨《かんかく》を地下深く埋葬して木炭層、白膏《はっこう》泥《でい》（粘土）層、版築《はんちく》層、墳丘の版築層を重ねて密室空間を作って収めているが、その目的が遺体の保存にあったとしても、一号墓の遺体の残存は三号墓と比較してみると偶然的な条件が加わった結果であると思われる。二号墓は墓室が浅かったために盗掘にも遭い遺骸は残存せず土に化していた。三号墓は一号墓に近い深さではあったが、遺骸が白骨化した状態であった。

遺体が残る一号墓の女性は、身長一五四センチメートル、体重三四・三キログラム、肌には弾力性があり、浅い黄色の皮膚、黒い髪、まつげ、鼓膜も残り、血管には血液が凝固していた。脳組織、内臓器官は本来の位置でそのまま残っていた。内臓を取り出して遺体処理を

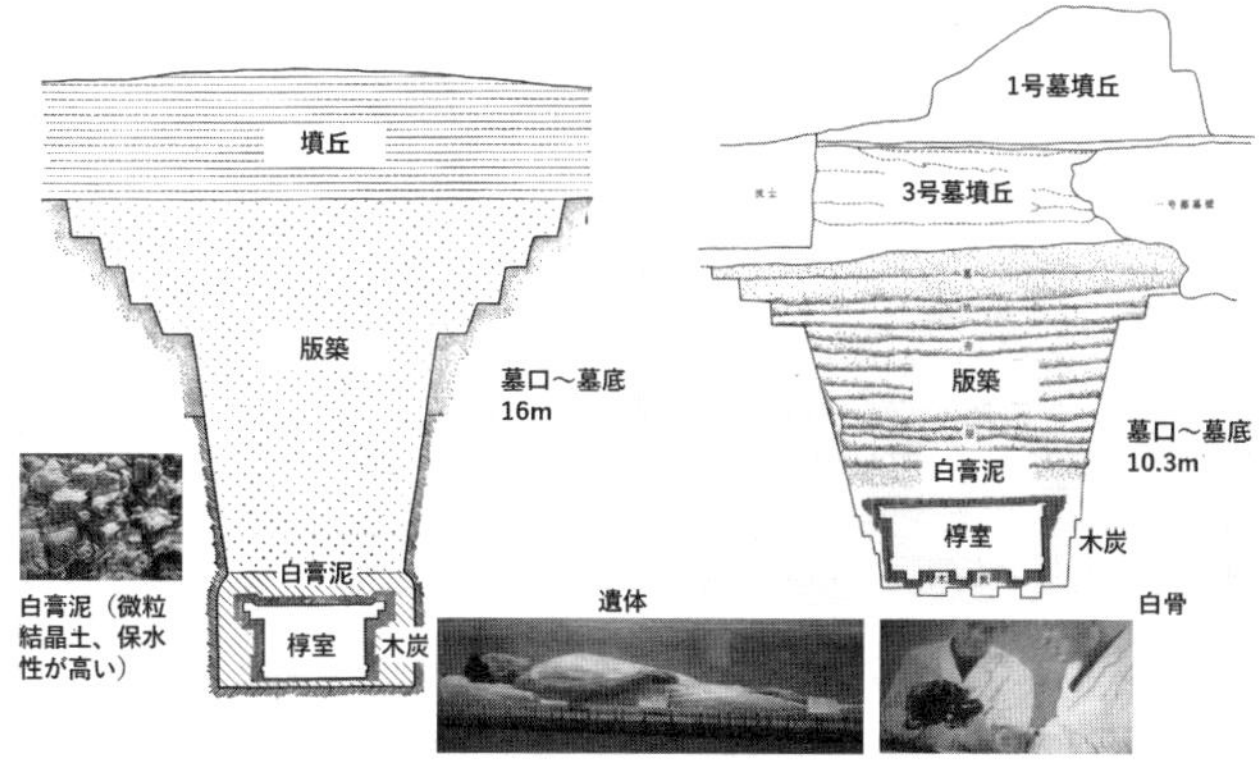

馬王堆1号漢墓と3号漢墓（『長沙馬王堆二、三号漢墓』）

したミイラを中国語では古屍《こし》というが、馬王堆《まおうたい》漢墓のような遺体の事例はなかったので湿屍《しっし》と呼ぶことになった。いわゆる屍蝋《しろう》、つまり皮下脂肪が石鹸のような成分に置き換わることもなかった。

筋肉も正常な状態で残されていた。内臓が残されたということは、死後に胃腸からの腸内細菌の増殖によって胃腸を溶かす遺体の腐敗がはじまっていなかったことになる。胃が解剖され、マクワウリの種が一三〇も残されていたので、早期に溶け出す消化器官の胃が正常なまま残っていたことになる。現在でも火葬の前に遺体の腐敗を遅らせる処理が行われることがある。遺体をドライアイスなどで低温冷却することも一つであり、さらにはホルマリンなどの防腐液を注入することもある。馬王堆《まおうたい》一号漢墓の場合、地下深い墓室で一定の低温状態が保たれたのも遺体保存の条件であったが、それだけではなかった。遺体は解剖され、解剖学、組織学、微生物学、病理学、化学、生物化学、生物物理学、臨床医学、中医薬学の専門家が立ち会った。

遺体は二〇枚の麻と絹の衣をまとっており、約八〇リットルの茶喝色の液体に浸っていた。これを棺液《かんえき》と呼んでいるが、椁室《かくしつ》の副葬品も下部はこの液体に浸っていたことからすると、意図して当初から遺体を液体に浸したわけではなかったようだ。遺体の腐敗の進行が地下の密封空間で停止したあとに、二次的に液体に浸されたことで腐敗しない遺体が残されたと考えられる。液体を濾過《ろか》した後の物質は硫化水銀《りゅうかすいぎん》であることが確認でき、液体にもカリウムやナトリウム、鉛、リン、マグネシウム、鉄、カルシウムなどの成分が含まれていた（徐永慶・何恵琴編著『中国古屍』上海科技教育出版社、一九九六）。とくに硫化水銀が防腐効果を果たしたと考えられている。同様の事例は、一九七五年に湖北省江陵県《こうりょうけん》の鳳凰山一六八号前漢墓においても確認され、男性の遺体が腐敗していない状態で発見された。同じ文帝期の墓葬である。この場合は遺体は一枚の白い麻布にくるまっていただけであったが、赤い液体約一〇〇リットルに浸っていた。液体の底には二〇〜三一センチメートルの赤い堆積物《たいせきぶつ》が確認され、硫化水銀（辰砂《しんしゃ》）の成分であった。次章で始皇帝の遺体保存の問題が生じたときの状況に言及する際にも参考になる事例である。

密封空間でも、浸透水が棺槨《かんかく》に溜まることが偶然には起こるのである。棺槨《かんかく》の上部は木炭層、粘土層、版築層など浸透水が入り込む余地はないが、棺槨《かんかく》の底部は二枚の底板と薄い木炭層と白膏泥層だけである。埋葬後の早い時期、腐敗が起こる前に地下水が浸透し、絶えず一定の水位を保ちながら、一種の水葬《すいそう》状態になっていたのではないかと推測する。長い時間をかけて棺槨の接合部のわずかな間隙から地下水が浸透したのであろう。もし偶然上部から浸透した状況であれば、浸透水も蒸発してしまうだろう。発掘時に浸透水が溜まっていたということは、絶えず水分が地下透過層から補充される情況になっていたと思われる。隣り合わせの一号墓と三号墓の底部の差は二〜三メートル、そのわずかな差が地下水の浸透を許した。井戸水が絶えず地下透過層から水を溜めるのと同じ理屈である。一方、棺液は墓室内に閉じ込められた水蒸気が棺のなかで凝結《ぎょうけつ》したとの意見もある（《長沙馬王堆一号漢墓古屍研究》編輯委員会編・湖南医学院主編『長沙馬王堆一号漢墓　古屍研究』文物出版社、一九八〇）。しかし、地下の密封空間は一定の温度、湿度に保たれていたので、同意しがたい。

次章で見る始皇帝の地下宮殿も地下水の浸透対策が施されていたこととあわせて考えてみたい。透過地下水には上でふれたようにさまざまな成分が検出された。棺には顔料や漆《うるし》が使われている。さらにアルコール成分も検出されたという。槨室《かくしつ》には多くの醸造酒《じょうぞうしゅ》を貯蔵した容器が収められている。一号墓の漆鈁《しっぽう》は三件、漆鍾《しっしょう》は二件、なかには酒類の入っていた沈殿物があった。漆卮《しっし》は七件。陶器の酒器では陶壺が四件（液体の残留した痕跡があった）、陶《とう》鍾《しょう》が二件、陶鈁が二件確認できる。椁室に三層に転倒した形で積み重ねてあった。これらのアルコール成分が浸透水に溶け込んでいたのであろう。もちろんそのほかの肉類、魚類、植物類などの食材からも溶け出していた可能性がある。これらが遺体の保存にかかわっていたと思われる。

第四章
地下宮殿の構造

地下宮殿への関心

始皇帝陵の地下宮殿はいつ発掘されるのか、多くの人が期待をしているが、膨大な収蔵品の保存の可否を考えると、周辺の陪葬墓《ばいそうぼ》、陪葬坑《ばいそうこう》の発掘だけで精一杯である。地下を封印しておくのが一番の保存である。しかし何とか地下宮殿の中を覗いてみたい気持ちは抑えられない。

第一章ではすでに発掘された地下宮殿の周辺部分を紹介した。本章では未発掘部分の地下宮殿がどのようなものかという推測に挑戦したい。筆者もこれまで地下宮殿のＣＧ制作にはたびたび協力させていただいてきた。始皇帝に関するテレビ番組、雑誌の特集、そして兵馬俑の展覧会、そこで試みた地下宮殿の画像は本書で展開したほど十分な考察を経たものではなかった。海外の始皇帝関連の番組でも地下宮殿への関心は高い。本章では順を追って地下宮殿の復元を試みたい。

地下宮殿の境界

実は墳丘内の地下宮殿の周縁部はすでに発掘調査されている。なぜならば始皇帝陵の墳丘は二二〇〇年も経過し、本来の大きさよりも小さく削られてしまっているので、地下宮殿の地表部分が露出しているからである。現存の墳丘の大きさは、東西三四五メートル、南北三五〇メートルであるが、原墳丘は東西四八五メートル、南北五一五メートルもあったと推測されている。一九〇六年に西安に滞在していた足立喜六の測量では東西四八八メートル、南北五一五メートルであった（『長安史蹟の研究』）。ほぼ同じ数値である。もっとも早い記録における墳丘の大きさの数値は、『漢書』楚元王伝に「高さは五十余丈、周回五里余」と記されており、概数ではあるが、高さは換算すると五〇〇尺余、一一五メートルにもなる。現在の墳丘の高さの数値は東南部から西北部にかけて傾斜した斜面に墳丘があるので、計測場所によって四三メートル（墳丘中央西部）、四六メートル（墳丘中央西端）、五二・五メートル（墳丘中央北端）、七六メートル（墳丘西北部）、八七メートル（墳丘中央北の陵園外城北門）と大きな差がある。地下宮殿は本来の墳丘よりも小さく、また版築《はんちく》と磚《せん》（れんが）の厚い壁で囲まれており、その壁を宮墻《きゅうしょう》（地宮を囲む壁の意味）と呼んでいる。東西三九〇メートル、南北四六〇メートルと南北に長い長方形で、幅は四メートルとされている。その宮墻のなかに東西一七〇メートル、南北一四五メートルの地下宮殿と、東西八〇メートル、南北五〇メートルの墓室がそれぞれ東西に長い長方形の空間として存在するとされている。

墳丘内部の調査は難しい。これまで宮墻《きゅうしょう》と見られていた北側の一部が、東西三九一メート

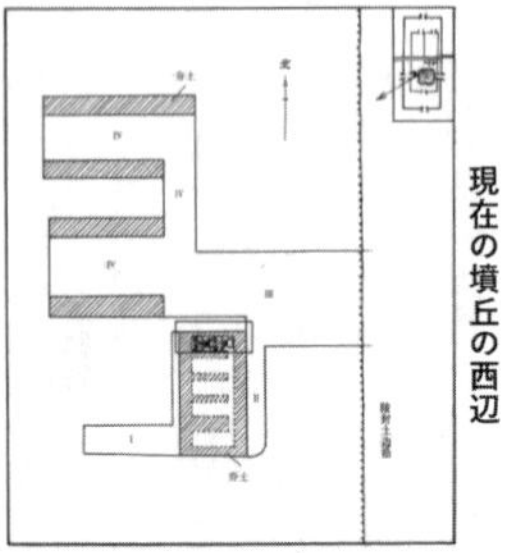

銅車馬坑

2輌を収めた木椁と同じ空間が南に4つ並ぶ。まだ埋蔵されている可能性がある。
（『秦始皇陵銅車馬発掘報告』）

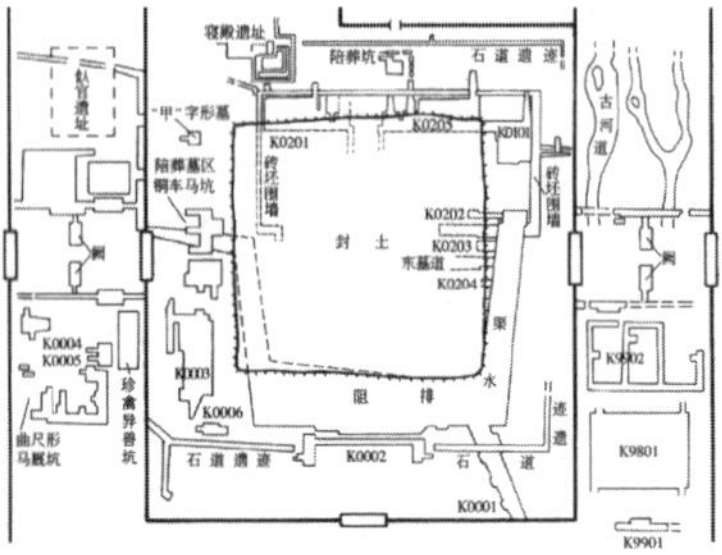

墳丘周辺の陪葬坑・陪葬墓

（『秦始皇帝陵園考古報告 2001～2003』）

ル、南北二〇二メートルの長方形の壁に囲まれた組合式陪葬坑（K〇二〇一、K〇二〇五、K〇一〇一）であるということがわかった。地下宮殿に下る東の墓道とみられていたものが、陪葬坑（K〇二〇二、K〇二〇三、K〇二〇四）に下る斜道であることもわかってきた。要するに墳丘内には墓道から下る地下宮殿のほかに、別の斜道から直接墳丘内に下ることができた陪葬坑がいくつかあり、これらは宮観ではないかとみられているのである（陝西省考古研究院・秦始皇兵馬俑博物館編著『秦始皇帝陵園考古報告二〇〇一～二〇〇三』文物出版社、二〇〇七）。何を収蔵していたのかは、一部を除いてわかっていない。K〇二〇四陪葬坑には管状銀器、鎏金《りゅうきん》銅器などがあり、車馬坑の形跡ではないかという。これらを原墳丘内陪葬

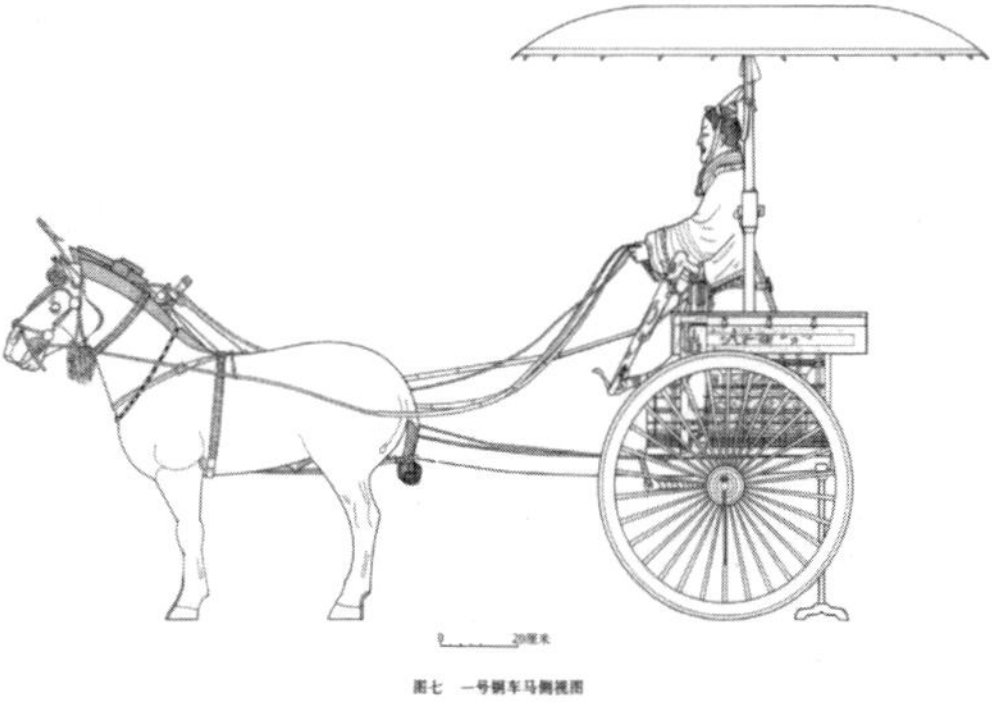

一号銅車馬（立車）
（『秦始皇陵銅車馬発掘報告』）

坑と呼んでおこう。

銅車馬坑

墳丘西面に接している銅車馬坑は、本来は原墳丘内陪葬坑であった。墳丘内陪葬坑の意味を探るにはもっともよい事例である。先導車は御者が立ち姿で操縦する立車《りつしゃ》、後続車は御者が正座して操縦する安車《あんしや》であり、始皇帝を載せた轀輬車《おんりようしや》であるとされている。二輛《りよう》の銅車馬は実物の二分の一のサイズだが、青銅と一部金銀で一つ一つの部品が非常に精巧に作られており、御者が四頭の馬の手綱をどのように操作し、また車体の輈《ながえ》を衡《よこぎ》と軛《くびき》で中央の二頭の服馬《ふくば》がどのように牽引しているのか、両側の驂馬《そえうま》もどのように引き綱で車体を牽引しているのかがわかる。二輪の車輪も車軸、三〇

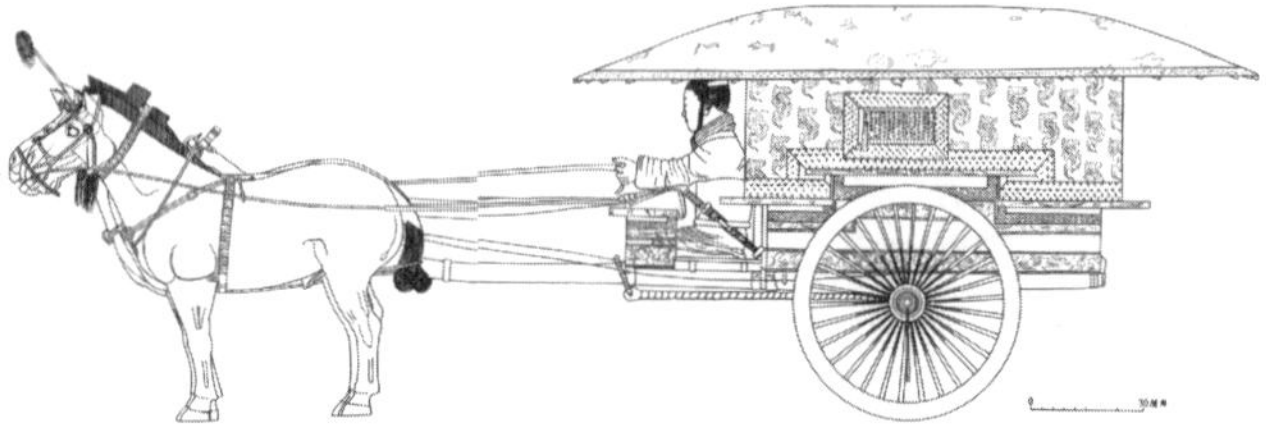

二号銅車馬（安車・轀輬車）
（『秦始皇陵銅車馬発掘報告』）

本の輻《ふく》（スポーク）が轂《こしき》に集まるまさに輻輳《ふくそう》の形や、管《かん》轄《かつ》（支配する）のことばの由来となっているように、車輪を固定するするために轄《かつ》（くさび）を管（軎《えい》ともいう筒状の突起）に差し込む部品も忠実に再現されている。二輌が一つの木槨《もっかく》に収められていて埋葬形式で埋められ、二輌の銅車馬と同じ空間は少なくとも五つも平行に並んでいるので、少なくとも木槨《もっかく》入り車馬がまだ八輌もあるはずである。銅車馬坑の空間は、さらに二箇所もある。もし同じような車馬がまだ埋まっているとすれば、これだけの車列は始皇帝の巡行のものと考えられる。西に向いた車輌は、始皇帝の第一回の秦の故郷に向かった西巡を想起させる。

従来の車馬坑では、真馬と車を埋めることはある。内城内墳丘西南（実際は本来の墳丘に接している）のK〇〇〇六陪葬坑がこれに相当する。ここでは車馬をまるご

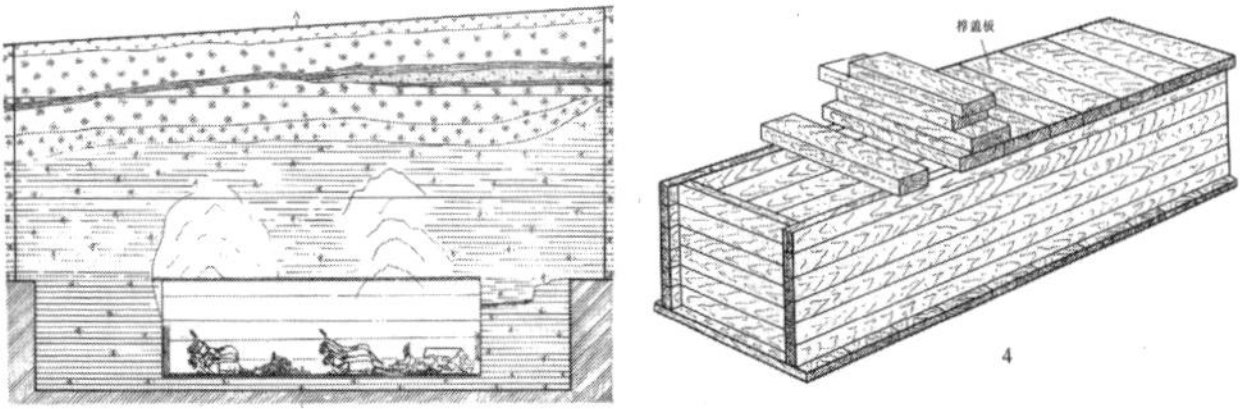

銅車馬の木椁の復元図（『秦始皇陵銅車馬発掘報告』）
3頭の真馬を木槨に収めて埋葬したように、始皇帝の生前の2輛の車馬を2分の1サイズに縮約して木椁に収め、始皇帝を弔ったかのようである。

と青銅で代替品を製作し、木椁《もっかく》に入れた。棺がないので、木棺に入れたといってもよい。地下八メートル弱の深さに埋められて木椁《もっかく》は朽ちていたが、木材の組み方は復元されている。兵馬俑坑と同じ隔壁に棚木を通す建築方式をとらずに、木椁《もっかく》をそのまま埋める方式は明らかに車馬の埋葬を意識したものである。墳丘内陪葬坑はまさに地下宮殿の一部であり、この限られた空間に収めるため縮小サイズを選んだ。兵馬俑坑の御者俑は等身大であり、戦車の上に載せずに、後方に立たせて限られた高さに収めた。二分の一のサイズの銅車馬では、車体の上に立たせることができた。陪葬坑とはいうものの、馬も御者も車体も青銅とし、これは真件の代替葬の意味をもっている。最近墳丘西外城外の大型陪葬墓から青銅製の車馬が出土しており、水鳥坑の青銅器水鳥とあわせて青銅器の俑の存在が確認できる。

始皇帝陵の槨室

始皇帝陵の地下に棺を収める槨室《かくしつ》が設けられたことは『史記』にみえる。『史記』では「三泉を穿《うが》ちて銅を下し槨《かく》を致す」と記述されている部分である。地下透過層の地層を三層まで掘り下げ、浸水を避けるために銅で塞ぎ、そこを槨室《かくしつ》とする。馬王堆《まおうたい》一号、三号漢墓の事例では、棺の四方を囲む槨室《かくしつ》はさほど大きくはない。始皇帝陵の場合は、リモートセンシングの調査によって槨室《かくしつ》が置かれた空間は東西八〇メートル、南北五〇メートル程度（東西方向に長い）であることはわかっている。これは槨室《かくしつ》をおおう墓室の大きさであろう。槨室《かくしつ》がそのまま墓室である馬王堆《まおうたい》前漢一号墓の槨室《かくしつ》は東西六・七メートル、南北七・六メートルと十分の一程度の大きさであるが、それでも棺の四方の槨室《かくしつ》に一千件以上の品々がぎっしりと収められていた。その槨室《かくしつ》は直接木炭と白膏泥に被われていた。始皇帝陵の場合は、槨室が土に直接被われるわけではない。前漢燕王《えんおう》（広陽王）の大葆台前漢墓《だいほだいぜんかんぼ》の例では、墓室の空間の中央に槨室《かくしつ》があり、槨室《かくしつ》の外側に黄腸題湊《こうちょうだいそう》とさらにその外に木壁が作られている。棺槨《かんかく》は直接土のなかに埋められることはなく、墓室の空間に守られていた。始皇帝陵の場合も、槨室《かくしつ》の内外に副葬品を収めることができる。

諸侯王陵の地下宮殿

始皇帝の地下宮殿も漢の皇帝陵の地下宮殿も地下深くに設けられて密室構造になっているので、その構造はわからない。しかし前漢文帝の子の諸侯王墓は、皇帝陵にならいながら、半地下の開放した構造になっているので、地下宮殿に直に入ることができる。皇帝の子たちは東方の平原に陵墓を設けた。しかしそのまま低地に作ると水没や浸水の恐れがあるので、小高い山間部の岩盤をくりぬいて横穴式に作られた。文帝自身も遺言によって墳丘を作らずに、自然の山陵に陵墓を設けた。中央の政権を掌握した呂太后《りょたいこう》が亡くなると、外戚の呂氏《りょし》一族が反乱を起こし、反発する大臣たちは高祖の子で代王であった劉恒《りゅうこう》を都に皇帝として迎えた。二十三歳で皇帝に即位し、二十三年間皇帝の地位にあった。そのような経歴もあり、遺《い》詔《しょう》によって質素な陵墓を造ることにした。副葬品も瓦器《がき》（陶器）にして金銀銅錫の金属的な装飾を禁じた。文帝の四人の男子のうち、長男の太子が景帝となり、そのすぐ下の男子が梁《りょう》孝王劉武《こうおうりゅうぶ》（在位前一六八～前一四四）であった。景帝側に立って呉楚七国の乱に対抗した人物である。劉武は文帝亡き後、父と同じように河南省永城市の保安山という自然山岳の南に陵墓を築いた。王后陵と子の梁共王陵もふくめてその中に入ることができる。墓道の斜面を下り、甬道《ようどう》を進み、主室に達するが、その周りの回廊を見、副葬品を収めた側室を目にする

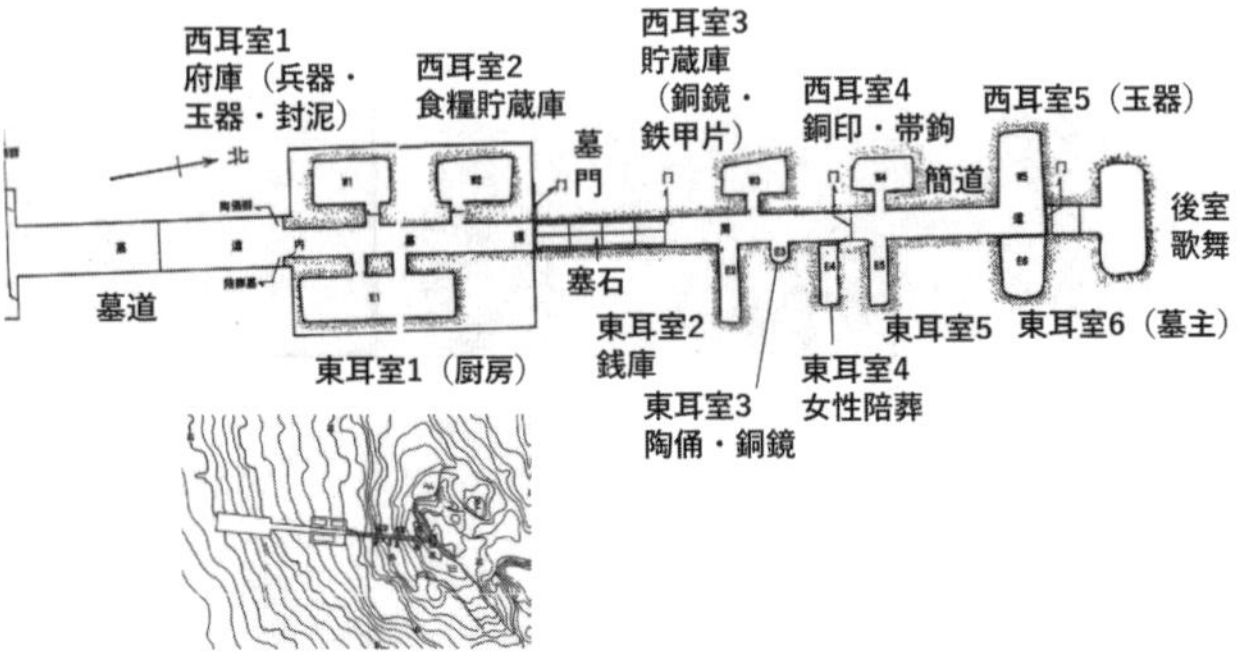

徐州獅子山前漢楚王陵墓（獅子山楚王陵考古発掘隊「徐州獅子山西漢楚王陵発掘簡報」『文物』1998年8期）

ことができる。始皇帝陵や漢皇帝陵の場合、墓道から下って棺を椁室《かくしつ》に収めた後には、墓道を埋めてしまう。ところが石材が豊富であったために、石を組み合わせて岩盤から浸水しないように作った。

江蘇省徐州市の楚王陵群も同じように丘陵上に作られている。先の楚王劉戊《りゅうぼ》（高祖劉邦の弟の孫）の獅子山楚王陵もそうである。前一五四年の呉楚七国の乱に関わって亡くなり埋葬されたので、梁武王劉武の陵よりも早く、文帝の死後三年で文帝の覇陵にならって自然山陵に埋葬された。墓道は細くて長い。外墓道、中墓道から内墓道に入ると、武器庫や厨房の部屋がある。墓門は石で閉じられ、埋葬後に墓道は土で埋められた。甬道（簡道と呼ばれていた）からは石をくり抜いた通路であり、左右の耳室《じしつ》もそのまま残されている。副葬品は雑多に収めるのではなく、内容によって整然と部屋を分けている。武器庫、厨房、食糧貯蔵庫を左右に分け、墓門を入ると、被葬者個人の遺品が収められている。女官の陪葬の部屋は奥手にある。玉で覆った漆棺《しっかん》が置かれ、遺体は金《きん》縷《る》玉衣《ぎょくい》で収められていた(一八二頁)。その奥には歌舞を楽しむ部屋となっている。この陵墓の陪葬坑の兵馬俑坑は山麓の低いところに位置する。歩兵軍、儀仗《ぎじょう》隊、騎兵軍など一〇〇件あまりの数量である。始皇帝陵の地下宮殿も墓道は埋められたが、椁室《かくしつ》の周辺に部屋が広がっているはずである。遺品を区分けして収めていたことは諸侯王陵から推測できる。

始皇帝陵の墓道

始皇帝陵の墓道は埋められているためにもちろん入ることはできない。地下宮殿に遺体を移送し、副葬品を運び入れるためには墓道が必要である。そしていったん埋葬したあとには墓道は埋められ、地下世界に入ることは不可能となる。まさに生者には禁じられた世界である。馬王堆《まおうたい》二号墓と三号漢墓には北に墓道があり、その墓道の東西に壁龕《へきがん》(小部屋)を設けて偶人《ぐうじん》が二体埋められていた。二体が対面する形から偶数の偶をとり偶人というのであろう。墓道を下る者を遮断するかのように両手を大きく広げ、正座して左手に物を持つ。遣策《けんさく》のリストにも「偶人二人、其の一人は遷蓋《せんがい》を操《と》り、一人は矛《ほこ》を操る」と記されている。遷は仙人

馬王堆三号漢墓墓道東側の偶人
(『長沙馬王堆二、三号漢墓』)

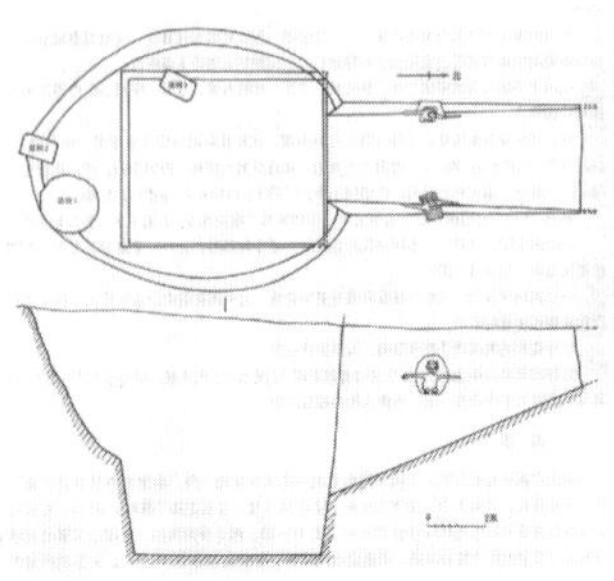
馬王堆二号漢墓墓道の偶人の位置

の仙に通ずるという。矛の武器を持って人の侵入を阻止した。墓道は地上と地下の世界を結ぶいわば特殊な道路である。死者を地下世界に送り込めば、その役目を終える。木《もく》偶人《ぐうじん》と土偶人《どぐうじん》とが言い争う戦国時代の故事が『史記』巻七五の孟嘗君《もうしょうくん》列伝にみえる。雨が降ったら流されてしまう木偶人と、土に戻って消えてしまうという土偶人にたとえた合従《がっしょう》家の話であるが、馬王堆《まおうたい》の偶人はこの木偶人である。

始皇帝陵の場合、地下に人が立ち入れないように器械仕掛けの弩《いしゆみ》を設置し、近づいた者があれば発射するようにしたという。『史記』の伝えることの真偽はわからないが、墓道に設けられた細工であろう。弩は矢を装着し、引き金は鉤《かぎ》でロックする。墓道の両側に耳室を設けて墓道に向けて設置すれば、侵入者に命中させることができる。偶人に矛ではなく弩を持たせているかもしれない。埋葬が終わり墓道を埋めるまでの機能であるが、耳室の小さな空間には

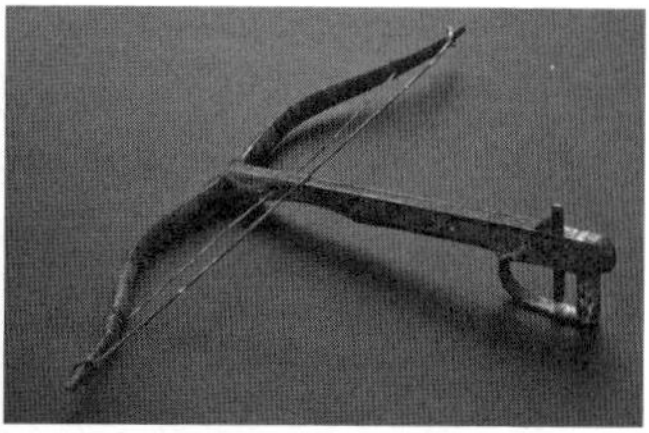

秦の弩（『秦始皇陵銅車馬発掘報告』）

西墓道から見た秦公一号大墓の墓室上部
秦公一号墓は秦景公（前577～537）の墓葬とされている。始皇帝よりも三〇〇年も前の秦の君主である。地上には墳丘はまだ築かれていないが、墓室の部分は始皇帝陵の墓室の復元に参考になる。始皇帝は秦の伝統を継承していた。

そのままの形で残される。

地上から地下の墓室に達する墓道の数は墓葬によって一本、二本、四本と各種あり、それは被葬者の身分に対応している。墓室に移送する副葬品の数にも比例しているのであろう。中国では漢字の形からそれぞれ甲字形墓《こうじけいぼ》、中字形墓《ちゅうじけいぼ》、亜字形墓《あじけいぼ》と呼んでいる。始皇帝陵は四本の墓道という最高位の亜字形墓である。発掘した後も墓道のスロープが残された現場では墓道から地下に降りることができる。秦の旧都雍城《ようじょう》の南にある秦公一号墓は墓室と墓道がそのまま保存されている。中字形墓の東西の急な墓道を下ると、地下の木椁《もっかく》の墓室に直結する。そこは黄腸題湊《こうちょうだいそう》の椁室《かくしつ》である。しかし始皇帝陵よりも三〇〇年さかのぼる秦公の陵墓の墓室の形式をそのまま始皇帝陵にあてはめることはできない。漢代の諸侯王陵に見るように、椁室《かくしつ》をめぐる回廊や、副葬品の内容に応じた各種の部屋（耳室・側室）があるはずである。東西南北の四方の墓道から下った場所に、それは設けられていたはずであるが、方角に応じた副葬品の部屋が設けられていたことが想像できる。

黄腸題湊《こうちょうだいそう》

『史記』がいう「銅を下ろして椁《かく》を致す」とは始皇帝の棺を収めた椁室《かくしつ》のことである。馬《ま》王堆《おうたい》一号漢墓のような木椁《もっかく》であることは間違いないが、普通は木材の側面部分を外に向けて年輪を隠すが、一部の木材の並べ方は、わざわざ年輪部分を内と外に向けて隙間なく積み重ねた黄腸題湊であったと考えられる。黄腸とは柏（針葉樹のコノテガシワ）の黄色い腸のような色の心材をいい、心材は辺材よりも水分が少なく色も濃く香りが強い。その心材の題（根に近い部分）を内側に湊《あつ》めることをいう。心材であるだけに方形の角材の一本一本に年輪の中心が現れる。椁室《かくしつ》全体に防虫、防湿効果のある香りを充満させる効果がある。始皇帝よりも三〇〇年前の秦公一号墓がすでに黄腸題湊であった。漢代の黄腸題湊の実例は、すでに一九七四年に発見された大葆台《たいほだい》一号前漢墓に見ることができる（大葆台漢墓発掘組・中国

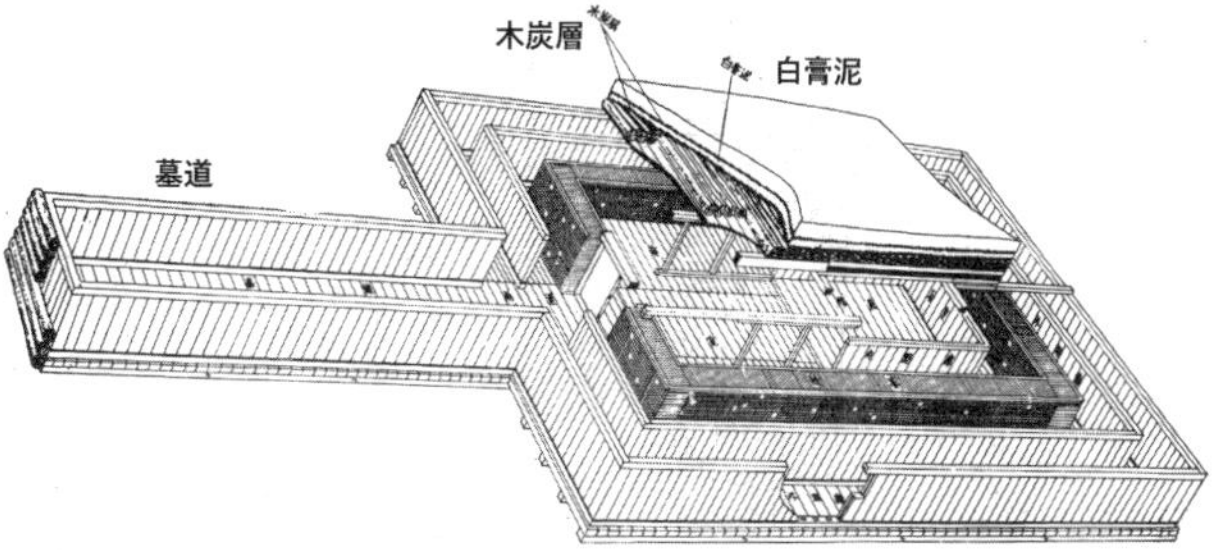

大葆台前漢一号墓の墓室（『北京大葆台漢墓』）

黄腸題湊の木目（『北京大葆台漢墓』）

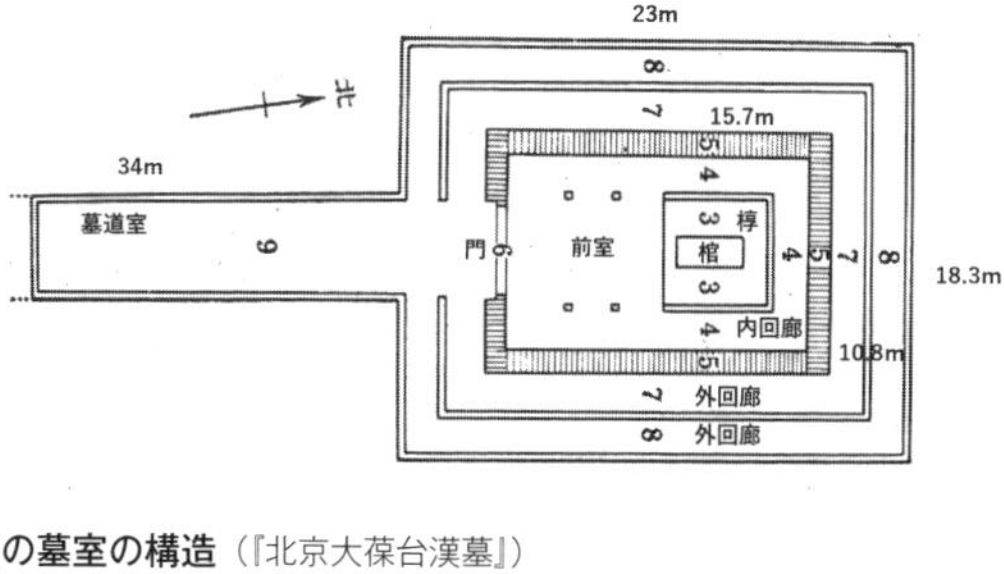

大葆台漢墓の墓室の構造（『北京大葆台漢墓』）

棺椁を覆う黄腸題湊と、黄腸題湊の回りに外回廊がある。

社会科学院考古研究所『北京大葆台漢墓』文物出版社、一九八九)。前漢の広陽頃王劉建《りゅうけん》であり、元帝の初元四(前四五)年に亡くなった。墓道の北側に長さ二三メートル、幅一八・三メートルの長方形の墓室があり、そのなかに黄腸題湊の箱形部分長さ十五・七メートル、幅十・八メートルが棺槨《かんかく》の外側をおおうように配置されている。黄腸題湊の外側は土に埋めるのではなく、あくまでも年輪部分を内外の空間に浮かせるようにする。始皇帝陵の地下宮殿の墓室部分にはこれよりも大きな黄腸題湊が施されているはずである。

墓室と地下宮殿

「水銀を以て百川江河大海と為し、機もて相い灌輸《かんゆ》し、上には天文を具《そな》え、下には地理を具う。人魚の膏《あぶら》を以て燭《しょく》と為し、滅せざることこれを久しくせんことを度《はか》る」

『史記』が地下宮殿の壮大な世界を語ったことばである。水銀の河と海がどのように流れていたのか、天文と地理はどこに描かれていたのか、燭台の灯りはどのように置かれていたのだろうか。槨室《かくしつ》だけを土の中に埋めてしまう墓葬であれば、槨室《かくしつ》の天井に天文を描き、床面に河川が海に流れる仕掛けを作ったかもしれない。

二〇〇二年、始皇帝陵をリモートセンシングと地球物理学という最先端の技術によって探

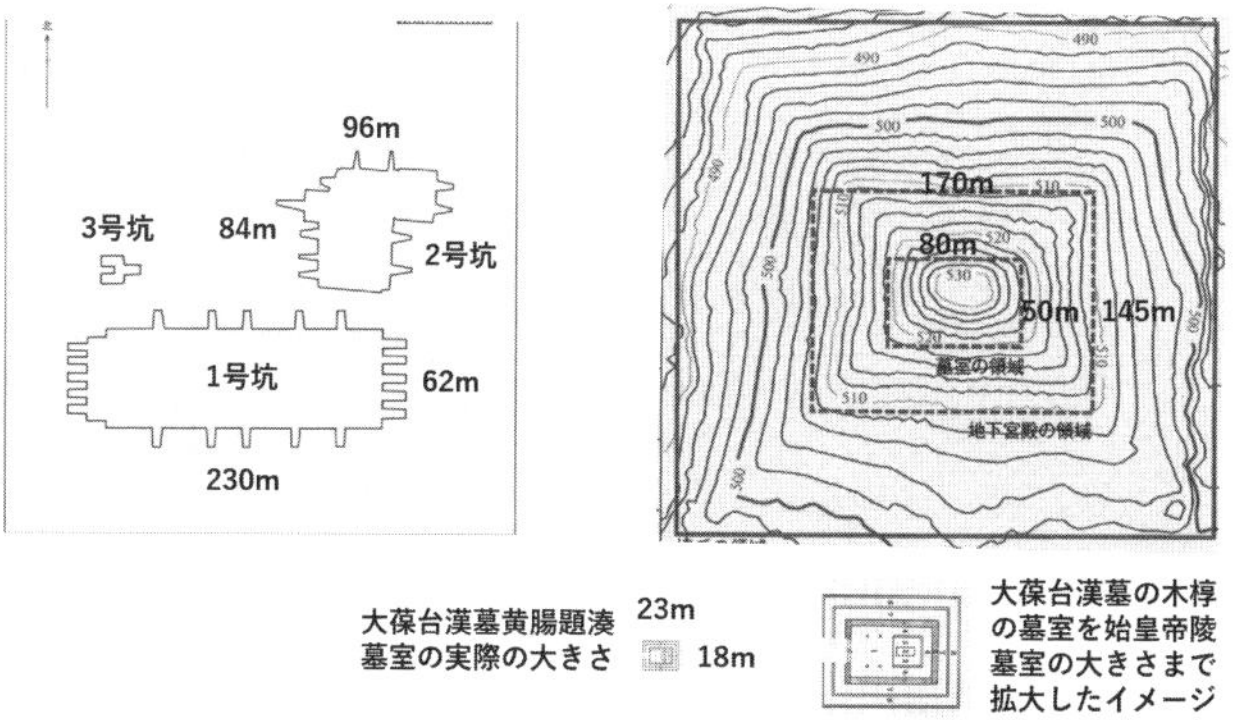

兵馬俑坑と地下宮殿の規模の比較

査する研究が中国ではじまった（劉士毅主編、呂国印・段清波・袁炳強副主編『秦始皇陵地宮地球物理探測成果與技術』地質出版社、二〇〇五、周子虎・譚克龍・万余慶編著『秦始皇陵遙感考古』地質出版社、二〇一二）。その結果、始皇帝陵の墓室の大きさは東西八〇メートル、南北五〇メートル、深さは三〇メートル、地下宮殿の大きさは東西一七〇メートル、南北一四五メートル、高さは一五メートルと推測された。墓室の周壁は石灰岩で堅く守られ、周囲は一六〜二二メートルの厚い版築の土壁でおおわれているようである。これだけの広い空間を地下深くに設けるには、天井の丸木（棚木）を支える柱が必要となる。

　兵馬俑坑の大きさと比較してみよう。兵馬俑坑は当時の地上面より五メートルの深さに、兵馬俑一号

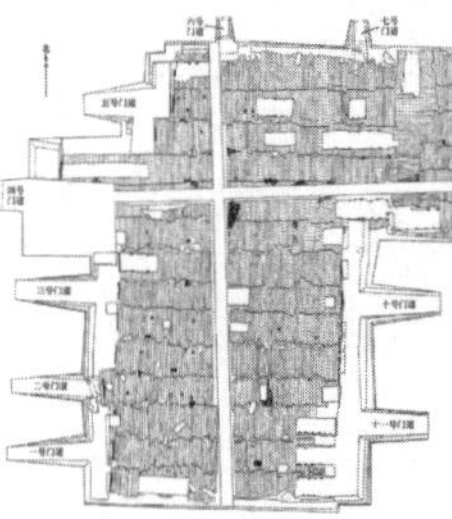

棚木で塞がれた地下坑の空間

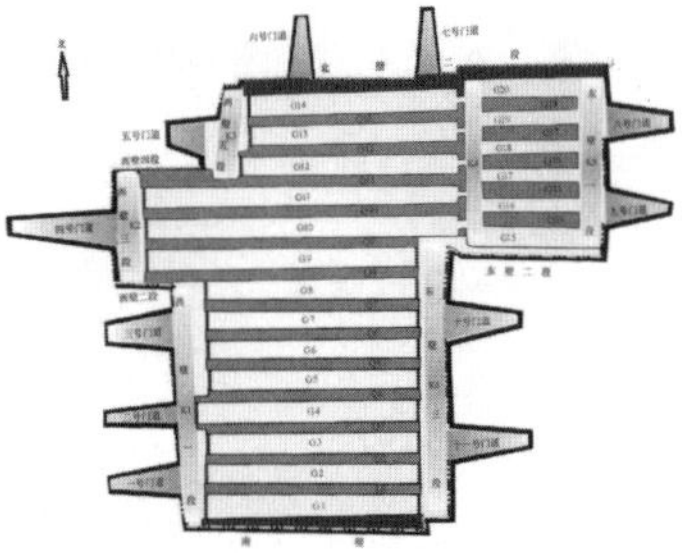

この大きさの地下空間を作るには版築の隔壁を東西に並べ、隔壁の間を棚木で覆う必要がある。

兵馬俑2号坑の構造（『秦始皇陵二号兵馬俑坑発掘報告』）

坑では南北六二メートル、東西二三〇メートルの地下空間を設けた。これと比べると、地下宮殿の大きさは一号坑の南北を二倍にした広大な空間に匹敵する。二号坑は東西九六メートル、南北八四メートルであり、一号坑の半分弱の広さであり、これは始皇帝の墓室よりは一回り大きい。そうすると地下宮殿のだいたいのイメージとして、兵馬俑二号坑より一回り小さな墓室が中心にあり、一号坑の二倍の広さの地下宮殿がその周囲にあると考えてよい。兵馬俑坑の場合、版築の土壁（隔壁《かくへき》）を三・五メートルの幅で二三〇メートルも築き、土壁間に立て柱、梁《はり》、土台（床の木材）を並べて天井を丸木で塞いだ。

　木材部分は朽ちてしまっているが、兵馬俑坑の地下空間も本来は木と土を巧みに融合させた建築に陶俑を配置したものであった。始皇帝陵の地下宮殿の墓室の場合も、これと同様の版築と木工建築の工法が用いられていると考えられる。墓室には棺槨《かんかく》と黄腸題湊《こうちょうだいそう》を囲むような大きな木質の空間を作り上げているようである。

秦公一号墓の墓室の上部は東西五九・四メートル、南北三八・八メートル、深さ二四メートル、木槨《もっかく》と黄腸題湊《こうちょうだいそう》の墓室である。三百年後の始皇帝陵で一回り大きい東西八〇メートル、南北五〇メートルの木槨《もっかく》の墓室を作ることはありうると思われる。馬王堆《まおうたい》一号漢墓の槨室《かくしつ》は東西二・九四メートル、南北四・八四メートル、高さ一・五二メートルと小さなものであるが、始皇帝陵の場合は、馬王堆《まおうたい》にはない黄腸題湊《こうちょうだいそう》を取り込んだ巨大な木槨墓の方式を採用したものと思われる。大葆台《たいほだい》前漢墓の墓室では、黄腸題湊《こうちょうだいそう》を取り囲んだ長方形の大きさは、東西一八・三メートル、南北二三メートルと秦公一号墓の墓室よりも小さいが、その構造を見ると、始皇帝陵の墓室の大きさまで拡大させることは難しくはない。角材を床板として敷き詰め、立て板を隙間なく箱形に並べて棺槨《かんかく》を三重に囲み、その間に黄腸題湊《こうちょうだいそう》の箱形を挟み、角材の木目を内と外に向けて隙間なく積み重ねていく。天井部分は兵馬俑坑のように丸木を並べていく。版築の厚い壁は墓室全体を囲むようにして補強する。箱形の回廊部分を何重にも外側に増やしてゆけば、より大きな墓室を作ることが可能である。兵馬俑坑の大きさと規模に圧倒されたが、まだ見ぬ地下宮殿の規模は予想を超えるものであろう。

大葆台前漢1号墓の墓室（『北京大葆台漢墓』）
黄腸題湊は椁室全体に樹木の芳香を充満させ、遺体の保存を目指したものであるから、木目の両端は椁室のなかで浮かせるようになっている。内外は回廊になっている。

地下宮殿については『漢書』に興味深い記述がある。司馬遷も言及していない内容である。『漢書』巻五一賈山《かざん》伝によれば、賈山が前漢文帝に秦の奢侈《しゃし》を諫《いさ》めて治乱の道を説いている。その文章は『至《し》言《げん》』と呼ばれている。すなわち始皇帝は数十万人を動員して十年をかけて驪山に埋葬された（実際は即位翌年から三七年、統一から数えると一二年）。三泉を穿つほどの地下に金石（金属と石材）を用い、銅で内側を固め、漆を外側に塗り、珠玉や翡翠で装飾し、中には観游《かんゆう》を作り、上は山林としたという。賈山は墓室とは別に始皇帝が観游する地下空間を設けたことに言及した。『漢書』巻三六劉向《りゅうきょう》伝でも、劉向が前漢元帝に昌陵《しょうりょう》という第二の陵墓を新たに作ることを諫めるのに、始皇帝陵の豪奢な内容を前例として挙げた。すなわち石槨で游館《ゆうかん》を作り、人魚の膏《あぶら》で燭とし、水銀で江海とし、黄金で鳧雁《ふがん》（マガモ）を作った。黄金で作った水鳥のマガモを長江や海辺に置いたという意味である。始皇帝陵の水鳥坑に青銅のマガモが見られる。珍宝の蔵品、機械の絡繰《からく》り、棺槨《かんかく》の壮麗さ、宮館の盛大さは語り尽くせないという。これを見ると、棺槨《かんかく》と宮館（游館）とを別に設けていたことがわかる。棺槨《かんかく》は墓室、宮館はその周囲の地下宮殿をいうのであろう。槨室《かくしつ》のほかに、地下に宮殿があったことを示している。

水銀の河川と海

水銀の河川の仕組みは、墓室と地下宮殿のどこを流し、実際に器械仕掛けで流すことなどできたのであろうか。これについては誰も答えてくれない。一九八一～八二年に始皇帝陵の地表面の水銀量の分析調査が行われた。常温で液体の水銀も、二二〇〇年も経過すれば自然蒸発によって一部は地下空間から地表に達する。蒸発以外の大部分の液体水銀は地下の温度も湿度も一定の密封された空間では滞留する。地表まで達した水銀量には濃度に差があり、地下のどの部分に水銀が滞留しているのかを推測できる。最高の濃度で二八〇ｐｐｂ以上（ナノグラム、一〇億分の一グラム）であり、墓室の東北部と地下宮殿の西南部で比較的高い数値が出ている。この結果は始皇帝陵の地勢を考えると納得できる。高い数値の場所は、東南

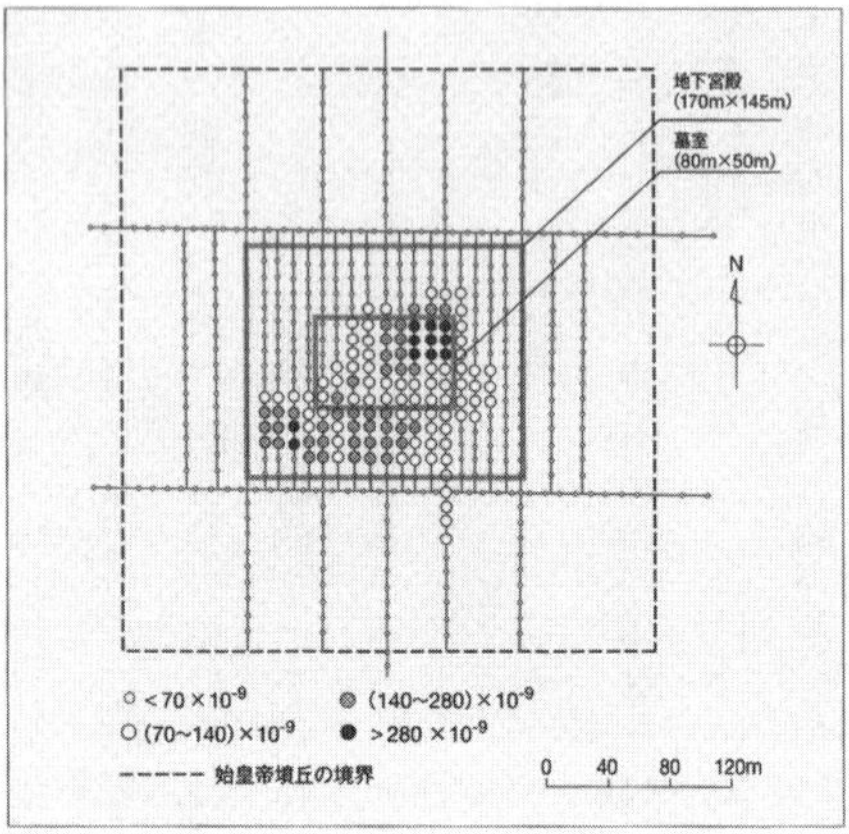

始皇帝陵墳丘地表面の水銀量の分析

水銀量の高い場所は墓室の東北部、地下宮殿の西南部、この両者を結ぶと、ちょうど地勢の傾斜の方向と重なる。低い箇所に溜まったものかと考えられる。（『宇宙と地下からのメッセージ』）

から西北に向かって低くなる地勢に合致している。地下宮殿全体は水平面にならして建造しながら、斜面の地勢を活用して水銀を流すことができた。しかし継続して水銀を流すことは難しい。

　始皇帝陵の地下宮殿の深さは三〇メートルと確認された。この土地で井戸を掘れば、十六メートルほどの深さで地下透過層に地下水が溜まる（秦の時代の井戸の例あり）。深さ三〇メートルの地下宮殿を作れば、そこに驪山からの地下水が滞留してしまう。そのために地下宮殿の東南部分に地下水を溜める溝を作った。工事が完成すると溝の部分を版築で埋めて地下堤防としたという。阻排《そはい》水渠《すいきょ》というものである。

　始皇帝陵の墳丘の東南には地上でも驪山からの水の流れを防ぐ堤防を作っていた。同時に地下に

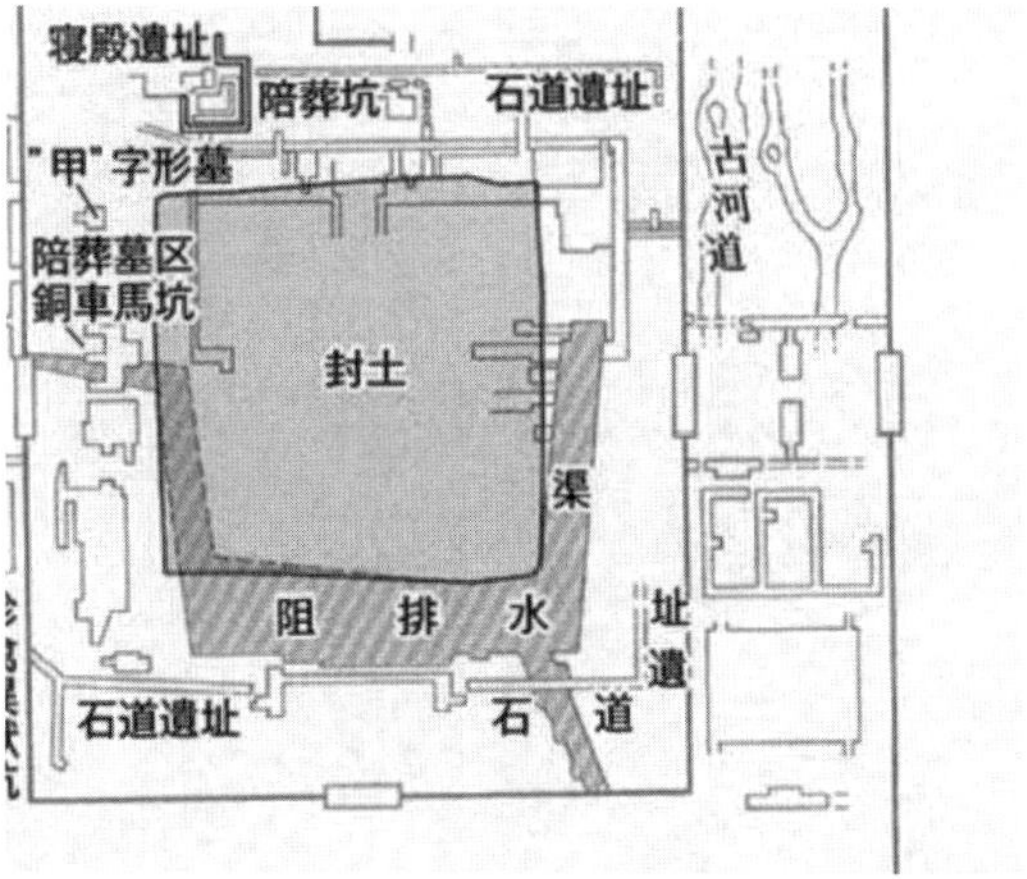

墳丘内部の阻排水渠

地下宮殿の工事中は地下水を溜める排水渠となり、完成してからは地下宮殿に浸水しないように地下堤防としたのであろう。(『宇宙と地下からのメッセージ』)

も地下堤防を作っていたことになる。この地下水の原理を考えると、河川の永久循環の原理も可能となる。つまり地下宮殿は水平であっても、地下透過層に東南から西北に傾斜をつけて河川と海の溝を作れば、井戸に水が溜まるように、たえず水が流れるのである。

　地下宮殿の游館部分に水が流れるような細工をしたかもしれない。比重十三・五グラムの水銀と水を分離しながらも混合して流した可能性もあるが、水銀は地下水に含まれる金属化合物と反応して硫化水銀などの化合物を作り、流れていく。始皇帝陵の南には驪山から流れ出る古河道の跡があり、魚池として小さなため池

陵園の排水施設（著者撮影）
陵園では排水施設は欠かせない。五角形の排水管は左上のように頂部を上に並べて使用した。このような施設は地下宮殿にも完備していたと思われる。

がある。地下にもこのような細工がされ、水銀で百川・江河と海が作られているのであろう。始皇帝陵の墳丘の西北には排水施設が確認されている。

天文地理を具える

「上には天文を具え、下には地理を具える」というのは、どのようなものであろうか。『易繋辞伝《えきけいじでん》』（易の卦《か》の解説書）上に「仰《あお》ぎては以て天文を観《み》、俯《ふ》しては以て地理を察す」からきたことばである。この部分は馬王堆《まおうたい》三号漢墓の帛書《はくしょ》にも見える。天地の文理《ぶんり》（ものごとの条理）を観察する意味である。

一九八七年に発見された前漢時代の西

安交通大学内にある小さな墓には、小さな天文図が磚室墓《せんしつぼ》（アーチ型に磚〈れんが〉を組み合わせた墓室）の天井に描かれていた（陝西省考古研究所・西安交通大学、李勤責任編輯『西安交通大学西漢壁画墓』西安交通大学出版社、一九九一）。これはこれで大変貴重であり、星宿を図案化した意味で希有な壁画であるが、そのまま始皇帝陵の大きな地下宮殿の天井にも天文図が描かれていたとするわけにはいかない。『史記』の原文は天文や地理を具えるといい、天文や地理を描くとはいっていない。北魏の『水経注』にて、「上には天文・星宿の象を画《えが》く」と誤解してしまった。黄腸題湊《こうちょうだいそう》の墓室も東西八〇メートル、南北五〇メートルと面積は広大なものと想像できるが、ここの天井に天文図を描くことなどはできない。ましてや東西一七〇メートル、南北一四五メートルの地下宮殿全体の天井においてはいうまでもない。

西安交通大学の磚室墓の南北の長さはわずか四・五五メートル、幅は一・八四メートル、高さは二・一五メートルの小規模な墓であり、アーチ型の天井と壁面に描かれた二重の同心円（太陽に軌道の黄道か天の赤道）を広げると外側の直径は二・七メートル、内側は二・二メートルとなり、円の中心に太陽と月、同心円の間に二八宿の星座が描かれていた（口絵6参照）。東の六つの星宿を組み合わせると青龍となり、ここでは龍が描かれていた。

始皇帝陵（足立喜六撮影）（『長安史蹟の研究』）

これまでは漠然とこのような天文図を始皇帝陵の墓室の天井にも描かれていたのではないかと考えてきたが、地下宮殿の構造や建造の工程を見てみると、根本的に見方を変えた方がよいと思われる。始皇帝の即位翌年から三七年も地下宮殿の建設が進められてきたが、死去した時点ではまだ土で埋めるいう工程には入っていなかった。墓道から遺体を墓室に収める埋葬の儀式が終了した直後から、墓道と地下宮殿を埋め、さらに地上に巨大な墳丘を築く作業に入る。

近年の遙感考古《ようかんこうこ》の成果では、墳丘の内部にコの字形の階段ピラミッドが地上に向かい合っており（口絵4参照）、地下の空間が最後の工程まで露出していたことがわかった。始皇帝陵の

地下宮殿の世界

2004年に著者監修の大兵馬俑展で作成したジオラマ。中央の空間が墓室、厚い壁の外側が地下宮殿の回廊部分、さらにその外側は浸水を防ぐ阻排水渠。

古写真でも墳丘の中腹に段差が見られ、実際に段差の部分を一周することができる。最後の復《ふく》土《ど》の作業ですべてを埋めていくのである。

上には天文を具えるというのは、墳丘の上に立てば実際に北極星、太陽、月、星座を眺望でき、下には地理を具えるというのは、驪山、渭水などの自然の地勢に囲まれていることを確認する意味である。天文と地理が合致した地点に陵墓を設けたのである。都咸陽は文字通り渭水の北の陽地と、北山の南の陽地に位置し、それが咸《みな》陽の地となり、地名の由来となった。始皇帝陵は渭水の南の陰地と、驪山の北の陰地が重なる地であった。

上円《じょうえん》下方《かほう》ということばがある。天は円形、地は方形というのが、中国古代の宇宙観である。

日本古代にも上円下方墳という古墳があり、方墳の上に円墳が載っている。前方後円墳は、方形と円形が横に並んだ形である。始皇帝陵の場合はあくまでも形は方墳《ほうふん》であり、上円はまさに自然の天球そのものがかぶさるかたちになる。頂上部が若干平らになっているので、覆《ふく》斗形《とけい》（斗《ます》を逆さにした形）とか方錐台形《ほうすいだいけい》とか表現している。方墳の頂上ではより天に近づく景観を見ることができる。

宇宙から見た天文地理

第一章でも触れたが、東海大学情報技術センターとの共同研究では、始皇帝陵建設のランドマーク（目標）を見つけることができた。始皇帝陵の位置が北は渭水《いすい》、南は驪山《りざん》山系に挟まれた位置にあることはすぐに分かるが、驪山山系の北麓の東西一〇キロほどの急斜面を屏風のように背にして、そのちょうど中央に位置している。急斜面には小さな谷が東西に対称的に並び、中央の最高峰と始皇帝陵の頂上とを南北に結ぶと、ちょうど南北方向の軸線になる。最高峰は一三〇二メートルの驪山の頂上ではない。驪山の頂上からは始皇帝陵は死角に隠れてしまう。その最高峰の地点を、鄭家荘《ていかそう》（Zhengjiazhuang）の中国語の地名の頭文字をとってZ地点と命名した。始皇帝陵の墳丘は長方形の内城と外城に囲まれているが、その

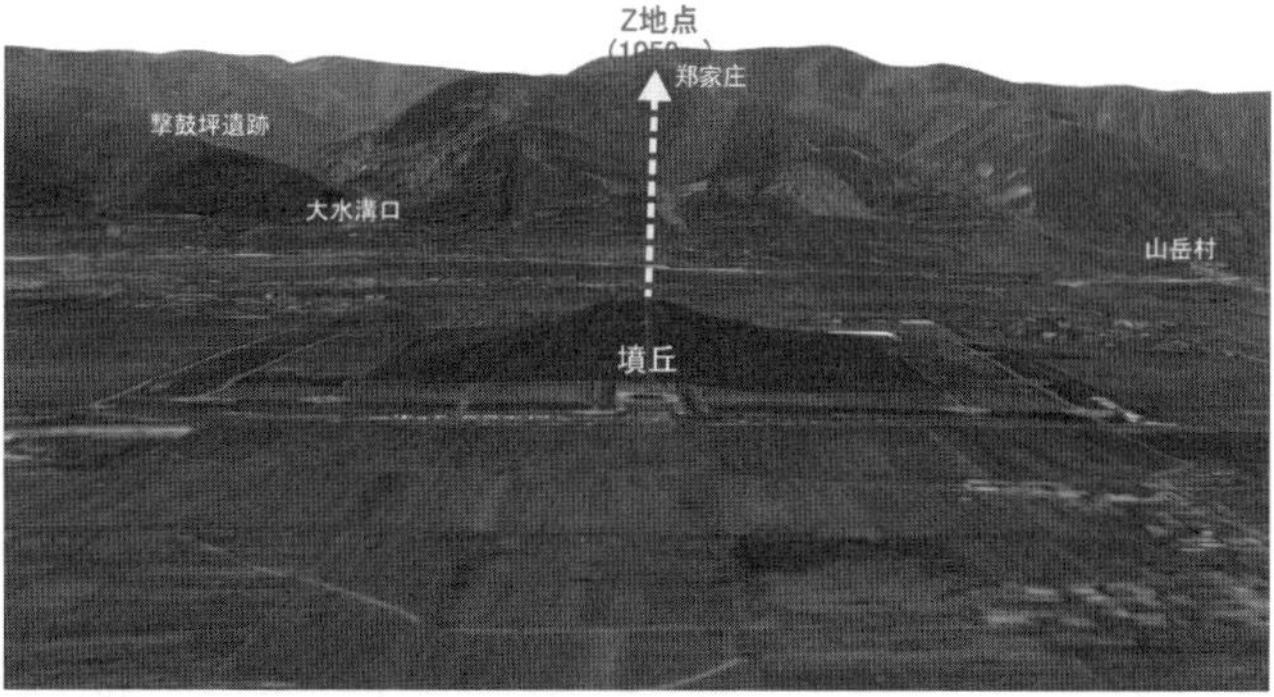

衛星画像から作成した始皇帝陵の3次元映像（画像処理：東海大学情報技術センターQuick Bird@2003 Maxar Technologies.）

内外城の南北線とはちょうど平行に並ぶ。つまり始皇帝陵の墳丘や城壁を築く際に、墳丘の頂上とZ地点を結ぶラインが基準になったのである。この南北線は現在の南北の線とは東に一・五度傾いている。つまり二二〇〇年前の北極星と現在の北極星のずれから来ているのではないかと考えている。始皇帝陵の位置は、渭水と驪山の地理と、北極星という天文から位置を割り出されていることを突き止めた。

『史記』によれば、都咸陽においても同じような記述がみえる。都咸陽城を渭水の北から南に拡張するときにも、天文を地上に投影しながら、宮殿の位置を確認した。早期の咸陽宮は、すでに渭水北岸の咸陽原の段丘上にあった。段丘下の渭水の氾濫原だけでは統一後の咸陽城としては狭い。渭水の橋を渡り、南の地に新たな宮殿を設けたのである。咸陽宮を二八宿の壁宿《へきしゅく》

（ペガスス座）に見立て、渭水を天漢《てんかん》（天の川）、渭水橋を閣道《かくどう》（カシオペア座）とすると、帝星《ていせい》（北極星）と北斗七星の位置は決まってくる。帝星を統一後に咸陽城内に下し、極廟《きょくびょう》と し祀っていた。天文と地理に合致した位置に宮殿を建てていったのが、秦のやり方であった。始皇帝は秦王のときは帝子《ていし》であったが、統一時に皇帝と称した（里耶秦簡《りやしんかん》詔書版）。皇帝は帝を目指したが、生前は天の帝そのものではなかった。二世皇帝は極廟を亡き始皇帝の廟とした。南越王が文帝と称し、帝印で副葬品を封印し、北斗七星の図案の銀の帯鉤を墓室に収めた。これは始皇帝の姿に近いのではないかと思う。

西安交通大学前漢墓の天文図には太陽と月と二八の星宿《せいしゅく》が描かれ、北極星は見えない。日本のキトラ古墳天文図には太陽と月と二八宿のほかに北極星が描かれている。始皇帝にとって帝星といわれた北極星は欠かせない。

式盤の小天地

式盤《しきばん》（六四頁）は丸い天盤と四角い地盤を上下に組み合わせたものであり、天盤を回転させて固定した地盤との接点を読み取る。三式の占い方法があるので、式盤、あるいは式占盤という。天盤の中央の北斗七星は、天の帝星《ていせい》（北極星）の代わりに一回転する。帝星は描か

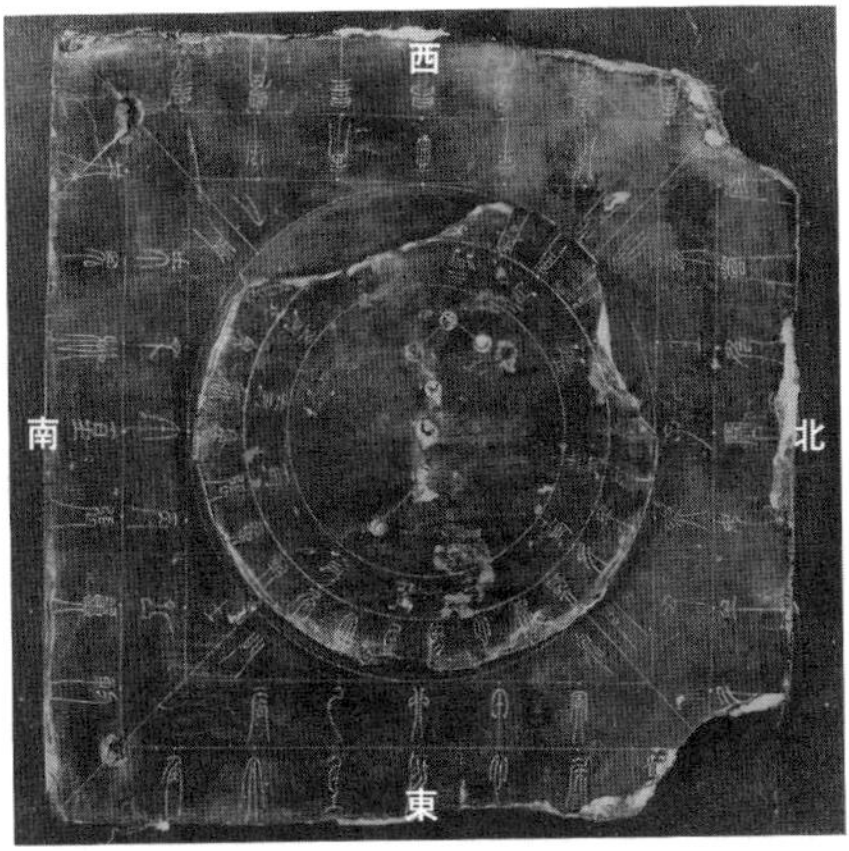

漢代の式盤（楽浪漢墓出土）（著者提供）
方形は地を表す。外側に東西南北の28宿、その内側に干支、円形は天を表す。28宿と12の月名、中心には北斗七星がある。

れていない。北斗の杓の部分の三つ星の一つ玉衡《ぎょくこう》を中心に回転する。北斗は天から見下ろした形で描かれているので、下からの見慣れた北斗とは反転した形となる。始皇帝は天の中心を自らの権威のよりどころとしたが、帝星はここにはなく、北斗が皇帝の巡行の車馬に相当する。北斗の箱形の斗《ます》の部分は車体、柄は車体と馬を連結する轅《ながえ》に当たると考えられた。

天盤には十二の月と天文の基準となる二八宿の星座名、地盤には十干十二支と東西南北に分けられた二八宿の星座名が刻まれている。占う日時や当人の生誕日をあわせてその日や将来の行動の吉凶を占う。たとえば十月の子《ね》の日であれば、天盤の十月（張宿《ちょうしゅく》）と地盤の子《ね》（北方の虚宿《きょしゅく》）とを重ねる。地盤には四方の角に鬼門《きもん》（東北の艮《こん》〈うしとら〉）、土門《どもん》（地門ともいう、南東の巽《そん》〈たつみ〉の方角）、人門《じんもん》（南西の坤《こん》〈ひつじさる〉の方角）、天門《てんもん》（北西の乾《けん》〈いぬい〉の方角）と記されている。

地下に埋葬された被葬者が、地下世界で生きていく指針となったのが式盤である。地方官吏は墓に収めたが、皇帝にも必要なものであった。始皇帝の最後の巡行は始皇三七（前二一〇）年十月癸丑《きちゆう》の日に都咸陽を出発した。占卜の結果によって選ばれた日である。式盤によれば、十月癸丑を旅立ちとしての良日として選んだが、鬼門の方角を指している。始皇帝は鬼門の東北に向かうことを避けて、はじめて都から南東の雲夢《うんぼう》を目指し、土門の南東から東北方向に回ったのも、占いによったのであろう。地下宮殿にも始皇帝の式盤が収められ、死後の指針としたかもしれない。「上には天文を具え、下には地理を具う」のことばには、天盤と地盤が重なる地を埋葬地として選んだことが示されている。

中羨門と外羨門の間の空間

『史記』の地下宮殿の記述によれば、始皇帝を埋葬したあとに、器械仕掛けのからくりを作った工匠から埋蔵の秘密が漏洩してしまうことを恐れる者がいたという。そこで中羨門《ちゆうせんもん》を閉じ、その後に外羨門《がいせんもん》を下ろし、工匠が外に出ることができないようにしたという。始皇三二（前二一五）年に始皇帝が第四回巡行で碣石《けつせき》を訪れたときに、燕人《えんひと》の方士の盧生《ろせい》が羨門（羨門子高《せんもんしこう》ともいう）と高誓《こうせい》という古の仙人を求めている話が耳に入った（『史記』秦始皇本紀）。仙人の名前を付した墓門に中羨門と外羨門の二つがあったというのは興味深い。先の馬王堆《まおうたい》漢墓の偶人が手にしていた遷蓋《せんがい》が僊人《せんにん》がかぶる傘の意味であれば、墓室の内部は長寿を実現した仙人の世界であったと見られていたのかもしれない。塔児坡《とうじは》秦墓の小さな墓にも、遺体を収めた墓室と墓道の間には封門《ふうもん》と報告された墓門がしっかりと作られていた。始皇帝陵の場合、棺槨《かんかく》の外側に中羨門があり、副葬品を収めた空間の外側に外羨門があったことになる。外羨門の外側が墓道である。二つの羨門の間は墓道と区別して神道《しんどう》ともいった（『史記』正義注）。まさに生者の立ち入れない道ということになる。

始皇帝陵には東西南北に四本の墓道があり、対置する外羨門も四つ、そして黄腸題湊《こうちょうだいそう》の槨《かく》室《しつ》に入る中羨門は一つであったと想像できる。外羨門を入るとまずは地下宮殿の回廊があり、墓室の外側を回ることができたのではないかと推測される。羨門間の空間はどのようになっていたのであろうか。

四本の墓道をもつ亜字形墓は、秦の恵文王、悼武王陵（咸陽原秦Ⅱ号陵園）や、昭襄王と王后（唐八子）陵（芷陽《しよう》東陵秦陵）以来の伝統である。始皇帝の祖母の夏太后陵（神禾原《しんかげん》戦国秦墓）も亜字形墓である。

第五章

地下宮殿の埋蔵品

始皇帝の地下世界

地下世界に宮観百官《きゅうかんひゃっかん》の奇器珍怪（珍奇な財宝）を持ち込む意味は、地下世界でも宮城（宮観）と皇城（百官）で生前の地上と同じ生活と政務を続けていくことを意味する。地下世界に奇器珍怪の物だけを搬入するのでは死後の生活と政務は機能しない。宮観の女官や百官の官吏も皇帝に付き添わなければならない。しかし生身の人間を送ることはせず、宮殿の女官や官吏の俑《よう》を、地下宮殿に立ち並べているはずである。宮観の女官俑は皇帝の死後の後宮で日常生活を守り、百官俑は地下の帝国での皇帝を政治を支える。

湖北省江陵《こうりょう》県高台十八号漢墓で出土した木牘《もくとく》では、被葬者の弘農《こうのう》郡新安《しんあん》県の大女《たいじょ》（成人女性）の燕《えん》という人物を大奴《たいど》や大婢《たいひ》（成人の奴婢）とともに地下の「安都《あんと》」に送っている。書簡の受取手は「安都」の丞《じょう》（次官）であった。安都は地名ではなく、地下世界を指すのであろう。地下の百官とは文官と武官を含み、いずれも頭上に戴いた冠がその象徴である。俑にも文官の冠と武官の冠の違いが見られる。第三章で詳述したように、漢代の事例から推測すると、始皇帝の場合も、宮殿や官庁からの埋蔵品リストの遺策《けんさく》を作成し、同時に埋蔵品を地下に送る旨の告知書《こくちしょ》なども添えられていたはずである。皇帝陵の場合に、何の文書を地下に送っていないとは考えられない。随意に地下宮殿のなかに副葬品を収めるわけにはいかない。

地下の世界を管理する官吏に文書をまず送る必要があったと思われる。

古代には「書殉筆葬《しょじゅんひっそう》」つまり、竹簡の書籍と筆を殉葬する制度があったことが指摘されている（鄭有国編著『簡牘学総論』）。後漢初《はじ》めの周磐《しゅうばん》は、生前から都で『古文尚書』（戦国時代の文字で書かれていた『尚書』）や『春秋左氏伝』を学んでいた学者として知られる。かれのもとには千人もの学生が集まってきた。一方官吏としては地方の県令を歴任した。かれの遺言は、棺は身をおおうだけの大きさを求め、棺《かん》も槨をただ収めるだけのものでよいとし、ただ二尺四寸の長さの簡に『尚書』の冒頭の堯典《ぎょうてん》一篇（一篇の意味は一章のことであり、竹簡ひと巻の一巻ではない）を写し、その筆記に使う小刀（竹簡の誤字を削る道具）と筆もひとつずつ棺の前（棺の中ではない）に置いて、聖人の道（中国を最初に開いた帝王の堯《ぎょう》の道）を死んでも忘れないようしてほしいと遺言した。この事例では、遺族が本人の遺志として生前に大切にした書物を埋葬していたことがわかる。周磐は県令であったが、行政文書よりも、学者として愛読した『尚書』の方を選んで収めた。

秦王始皇帝の時代の地方官吏の墓でも竹簡の文書や書籍が棺のなかに入れられていた。被葬者の遺志と遺族の想いが感じられる。そして始皇帝の棺や椁室《かくしつ》のなかにも多くの書籍が収められていたことだろう。

始皇帝の公子・公主の墓

始皇帝の末子の胡亥《こがい》が二世皇帝として即位したことで、始皇帝の一二人の公子は咸陽の市場で死刑となり、一〇人の公主（皇女）も杜《と》県で身体が引き裂かれる死刑に処せられた。かれらは始皇帝陵の東の外城の外に埋葬され、上焦村《じょうしょうそん》秦墓の一七基のうち八基（三基は女性、五基は男性）が発掘され、遺骸から二〇から三〇歳前後の人物であり、胡亥の兄と姉の年齢となる。その墓の規模は秦の地方官吏のものよりは若干大きい。棺槨《かんかく》を直接土のなかに埋めるのではなく、地下の墓室のなかに棺槨《かんかく》を配置しているので、棺槨《かんかく》の外側にも副葬品を収めることができる。墓室には墓道のスロープが伸びている。規模は異なるが、始皇帝陵の地下宮殿も墓室の空間のなかに棺槨《かんかく》が置かれていると考えてよい。

処刑された始皇帝の公子、公主たちの財物は没収されたので、文書簡や書籍簡などを地下に収めることはなかった。半両銭、帯鉤《たいこう》、陶製の穀物倉などは埋蔵されていたが、文字は青銅印に名前が刻まれていただけであった。かれらは趙高《ちょうこう》と二世皇帝胡亥によって処刑され、身体は頭部、胴体、手足の部分が分離されて埋葬された。分離された頭部は棺槨《かんかく》の上部に置かれ、胴体部分は棺槨《かんかく》内に残されるなど、死後を生前と同じように過ごすことは断ち切られてしまった。死後の世界で魄《はく》が分断された遺体に宿ることはできないし、死後の時間を地下で過ごすこともできない。当然ながら死後の世界で書物を読むことなどは許されなかったのだろうと思われる。公子たちの罪は、父始皇帝ではなく兄弟の二世皇帝へ臣として従わなかったことであり、死罪に相当するという。三人は剣を抜いて自殺したという。一八号墓には青銅の剣が収められていた。

まさに地下の墓葬とはそのような世界であった。しかしそこに書籍簡、文書簡を持ち込んだ形跡がないのが不思議である。湖北省江陵県鳳凰山一六八号墓の漢代の竹牘文書によれば、地下に向かったのは被葬者一人だけではなかった。大奴の良(名)ら二八人、大婢の益(名)ら一八人が同行した。軺車《ようしゃ》二乗、牛車一両がかれらを運んだ。大庭脩はこうした文書は旅行者の身分証明と似ているので冥土へのパスポートと名付けている(大庭脩『木簡学入門』講談社学術文庫、一九八四)。始皇帝という帝王の場合、地下世界でも帝王として君臨しようとしていたのだろうか。始皇帝は統一したときに皇帝と称し、諡号《しごう》を廃止するように命じた。始皇帝は死後の称号である。それは地下世界の称号でもあったのか。

始皇帝が始めての皇帝であり、その後は二世、三世から万世にいたるまでこの称号を窮まりなく伝えるように命じた。その世界が時間を超えた永遠の地下帝国とでもいうべきものであったと考えられる。地下宮殿とその周囲の陪葬坑《ばいそうこう》はまさに始皇帝を弔う地下帝国であった。

晩年の始皇帝は老荘の思想に傾倒し、まさに天地の長久たる世界に惹かれた。

文官俑の姿には文書簡を所持していた痕跡はある。右の腰に小刀と砥石《といし》の小袋を下げている。文字を修正するために竹簡を削る小刀と、小刀を研ぐ砥石である。中央官吏の腰に下げた小刀は、地方官吏の墓に収められた小刀と同じ形式のものである。文書の竹簡は脇の空間に差し挟んでいたともいわれている。竹簡は腐乱して残っていないのかもしれない。

馬王堆《まおうたい》前漢三号墓の事例から類推すると、宮殿や官庁からの埋蔵品リストの遣策《けんさく》を作成し、同時に埋蔵品を地下に送る旨の告知書を添えていたはずである。皇帝陵の場合にはどんな文書を地下に送っていたのだろうか。

秦封泥に見る廟への献上品

すでに馬王堆《まおうたい》漢墓でみたように、墓のなかに送る物資は竹笥《ちくし》や瓶《かめ》などに入れて、梱包して開封できないように封泥《ふうでい》で封印した。秦の時代の封泥は秦の都咸陽城内で大量に集中して出土している。馬王堆《まおうたい》漢墓の封泥は封泥匣《ふうでいこう》を利用し、梱包された紐と封泥用の紐を交差させて粘土で封印した。秦の封泥の出土場所は、百官から大量の物資を献上した場所として秦の極廟を想定し、そこはまた始皇帝の死後に始皇廟となった場所である。封泥からどのような官

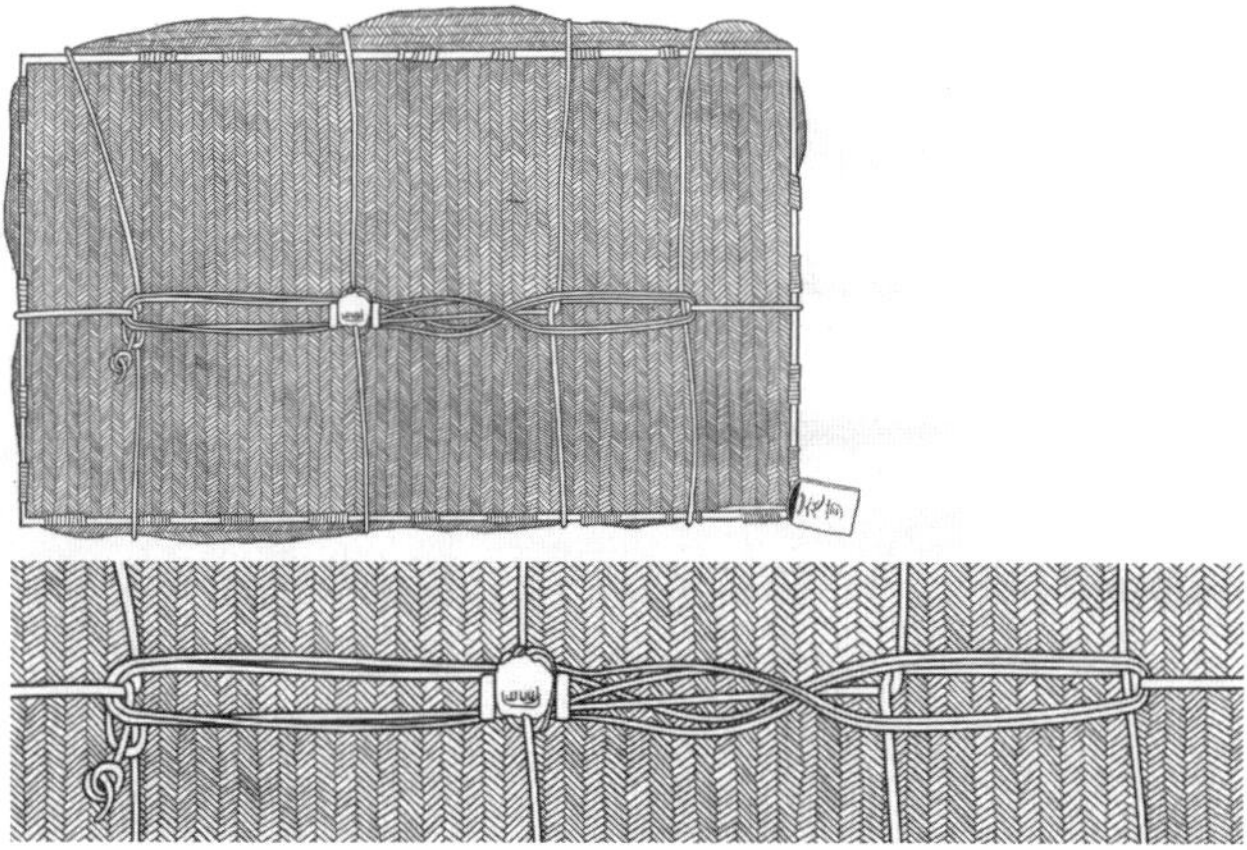

竹笥（竹行李）の梱包と封印
（『長沙馬王堆1号漢墓』）

庁から何を献上されたのかを探っていくと、始皇廟と関係の深い始皇帝陵の地下宮殿への物資の搬入の実態がみえてくる。始皇廟は亡き皇帝の位牌《いはい》を祀る場所であり、始皇陵は亡き皇帝の遺体を埋葬する施設である。そこに収めた品々に共通するものがあってもおかしくはない。

何度も引用した『史記』秦始皇本紀始皇三七（前二一〇）年条の「宮観・百官の奇器珍怪を徙《うつ》して臧《お》きて之《ここ》に満たす」の文意は、始皇帝の地下宮殿に収めた奇器珍怪のことであるが、その内容は翌二世皇帝元（前二〇九）年の二世皇帝が即位したときの詔《みことのり》に直結する。始皇帝の寝廟（廟には位牌を収め、その後方の寝には衣冠と生活用具を収める）に捧げる犠牲を増やし、始皇帝の廟を尊重せよという内容である。群臣

「秦官」の封泥
官名から極廟（始皇廟）に捧げる食材の容器を封印したもので、重要なものであろう。

裏の圧痕（『新出土秦代封泥印集』2002、以下同）
封泥匣を縦置きし、複数の紐を乱雑に交差させて梱包した。

は、始皇帝廟は極廟であるから、すでに四海《しかい》（天下）の内から貢物が献上され、犠牲は増えていると報告し、同時に始皇廟を帝者の祖廟として七廟に整理した中心として尊ぶべきと提案した。始皇帝陵と始皇廟に収めるものは、密接に関連していた。

　粘土が固まった封泥には差し出し側の百官の名称が表に押されている。宛先を封泥自体に示すことはないが、破棄された封泥が集まっている場所が宛先となる。梱包された物品を開封すれば、封泥はまとめて保存されるかあるいは破棄される。その封泥は実は裏面にも重要な情報が隠されている。馬王堆《まおうたい》漢墓の事例では、封泥匣《ふうでいこう》の凹面に梱包紐と封泥匣の紐を交差させ（結ぶ必要はない）、その上に粘土を当てて押印している。粘土の裏面に残された圧痕は封泥匣の木材の木目と、梱包用の縦紐とそれに絡む封

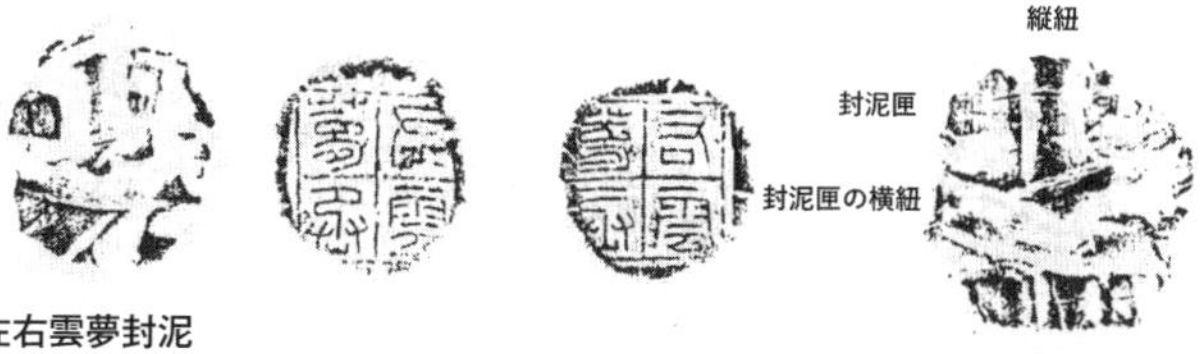

左右雲夢封泥

雲夢苑から中央に物資を竹筒で送ったものと思われる。竹筒の縦紐と封泥匣の横紐が交差する。

泥匣の横紐である。梱包の紐が縦横に交差する中心箇所に封泥匣を置き、封泥匣の紐を梱包紐の別の交差点にまわす。物資が固形物ではなく液体の場合は竹筒ではなく瓶型《かめがた》容器などに収め、口を泥土と草で塞いだ箇所に封泥匣を縦に当てて紐で縛って封印する。この場合は封泥の裏面には容器の口を縛った複数の紐の痕跡が残り、紐が縦横に交差することはない。

実際の秦の封泥の例をいくつか分析してみよう。秦の封泥匣は里耶秦簡にも事例があり、使用されていた。背面の圧痕に封泥の文字の方向に走る木目だけの事例がいくつかあり、明らかに馬王堆《まおうたい》漢墓のような封泥匣を用いていたことがわかる。竹簡文書を封印した痕跡はなく、竹簡のように見えるのは竹の皮紐のように見える。

【郎中左田】は郎中令《ろうちゅうれい》の下で土地を管理する官職である。全く紐の痕跡がないのは、粘土の中を通しているからであろう。ほとんどの封泥で紐の痕跡があるが、馬王堆《まおうたい》漢墓のように封泥匣《ふうでいこう》を横に寝かし、封泥匣の溝部分の中央を太い梱包紐が通過し、これに封泥匣の

咸陽周辺秦墓出土黄金貨幣
「郢称」（『西安南郊秦墓』）

「西塩」の封泥
竹笥の梱包紐は見えないので瓶に封印したものか。封泥匣の木目は縦に見えるので、封泥匣は縦置きにしたと思われる。

細い紐が巻き付いているものは、あきらかに竹笥を封印したものである。

【左右雲夢丞】の封泥背面は竹笥を梱包した形跡である。雲夢沢《うんぼうたく》で知られる長江中流域の湿地帯には秦の禁苑が置かれ、始皇帝も巡行で通過した。馬王堆一号漢墓では「金二千　一笥」という木牌の付いた竹笥があり、なかは戦国楚の黄金貨幣「郢称《えいしょう》」を模倣した泥質のものが三〇〇枚入っていた。遣策《けんさく》では「土金」と記している。**【西采金印】**は西県で産出した黄金を封入したものである。ところが竹笥の梱包に見られる太い紐は見られず、細い横紐だけで梱包しているように見えるので、瓶のような容器に挿入したように見える。

塩も竹笥には不向きである。湿気を避けるには陶器の瓶に入れる方がよい。**【西塩】**と**【江左塩丞】**の封泥痕を見ると竹笥ではなく、封泥匣を縦に置き、複数の横紐

「江左塩丞」の封泥
封泥匣の木目と乱雑に縛った紐の痕跡があるので、塩を瓶に入れて梱包したと思われる。

瓶型の梱包（『馬王堆1号漢墓』）
竹牌に塩1資と書かれ、資はこのように甕型容器か、甕の口に封泥匣を縦置きにして紐を粘土で固定する。

を乱雑に巻いているので、瓶型《かめがた》容器に挿入したようである。馬王堆《まおうたい》一号漢墓の遺策《けんさく》では「塩一資《し》」と書かれ、印紋硬缶の口部に「塩一資」の竹牌が付いていたとみられる。「資」は缶のような容器のことをいう。岩塩であれば固形、海塩であれば結晶塩、濃厚な地下水の塩水であれば液体であり、なおさら瓶がよい。

【橘官《きつかん》】は柑橘類の産地の官である。馬王堆《まおうたい》一号漢墓では梅を竹を編んだ籠の上に何層も並べている。梱包するには竹筒が必要であろう。

【麗山飤官《しかん》】は始皇帝陵に設けられた亡き始皇帝の霊魂に捧げる食事を用意する官職である。飤官《しかん》の建築遺構が発掘されており、臨潼《りんとう》区安溝《あんこう》村では青銅の麗山《りざん》園缶《えんふ》というものが出土している。銘文に「麗山園容十二斗三升　重二鈞十三斤八両」と容量と重量が刻まれている。馬王堆《まおうたい》一号漢墓の事例では、缶には豆、魚、

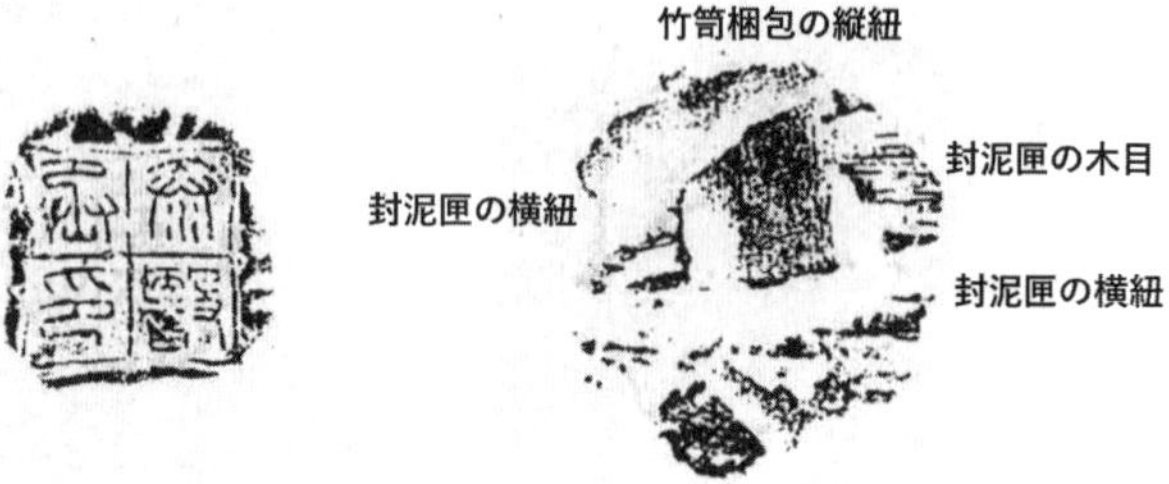

「泰医丞印」の封泥
医薬品を竹筒に入れて梱包封印したのではないかと考えられる。

韮、楊梅、瓜種、稲、塩、醤、醢《しおから》など多彩な食材が入っていた。封泥匣は縦置きにし、横に竹紐で梱包している。皇帝陵の寝殿に捧げる食事であるだけに封印は必須であった。

【泰官《たいかん》】も宮廷の膳食を掌る官職であり、封泥の痕跡からは、陶缶《とうふ》のような容器の蓋を塞ぎ、口沿部に竹紐で梱包した箇所に封印しているようである（図は一五八頁）。

【泰医丞印】は竹筒型の封印であり、医薬品を収めたのであろう。馬王堆《まおうたい》一号墓には八つの薬草の竹筒があり、絹の袋に入れてあった。

【泰上寝□】【上寝】も竹筒型の梱包であり、始皇帝の父荘襄王を泰上皇《たいじょうこう》と追尊して霊魂を祀る寝殿の官吏が始皇廟に何かを捧げたのであろう。

李斯の見た秦王の愛蔵品

前二三七（始皇一〇）年、外国人を排斥する逐客令《ちくきゃくれい》が下されたが、李斯《りし》が反対の意見を上書したことですぐに却下された。逐客令が出されたのは、韓の水利技術者鄭国《ていこく》が間諜《かんちょう》であることが発覚されたともいわれるが、前年の嫪毐《ろうあい》の乱で秦王と対決した嫪毐《ろうあい》や、その背後の呂《りょ》不韋《ふい》が外国人であったことによる。李斯自身も外国人として反対の意見を述べた。そのなかで、秦王の身辺が外国製品で溢れていることに言及する。それはそのまま、地下宮殿に持ち込まれた可能性はある。秦の粗末な物産は、陶器の甕《かめ》と缶《ほとぎ》を叩き、箏《そう》（二五弦の大きな瑟よりも小さな弦楽器、五弦、十弦の簡単な琴よりは大きい）を弾じ、髀《もも》を撃つと秦の音楽にたとえて表現する。外国産を列挙して少し解説を加えてみよう。

①**昆山《こんざん》の玉《ぎょく》**　于闐《うてん》の東北の崑岡《こんこう》に産する名玉と解されている（『史記』正義）。前漢武帝の張騫《ちょうけん》によって于闐国には玉石が多いという情報は入ったが（『漢書』西域伝上）、秦の時代に西方の玉が入っている可能性はある。李斯が列挙した外国産の物産のうち西方の昆山の玉以外は、東方と南海の物産が並ぶ。出土玉がコータン産であるかどうかは、玉の色彩だけでは判断は難しい。現在の新疆和田《しんきょうホータン》産の白玉、青玉などの比重や化学成分分析

（二酸化ケイ素、酸化カルシウム、酸化マグネシウムなどの成分比）との照合が必要となる。

②随和《ずいか》の宝　随侯《ずいこう》の珠と和氏《かし》の璧《へき》。随侯が道で身体が断ち切られている大蛇に出会い、薬を塗って助けたところ、一年後に一寸の大きさの明珠を銜《くわ》えて戻っていた故事がある（『説苑《ぜいえん》』）。和氏の璧は楚王に原石を献上し、手足を切られるまで信用されなかったが、最後は美玉であることがわかったという故事で知られる。始皇帝は和氏の璧で伝国璽《でんこくじ》を作ったという。

③明月の珠　明るい月のような真珠。天然真珠は、すべての二枚貝で貝殻を作る外套膜《がいとうまく》のなかに偶然異物が入った場合に形成される。貝によって善し悪しがあるが、異物をくるむ真珠袋が成長したものである。私たちが養殖真珠で見るような整った球体の真珠を考古学的な遺物として確認するのは難しい。本来は形も色も様々な真珠があった。『淮南《えなん》子《じ》』巻十八人間訓《じんかんくん》に秦の百越戦争で求めたものとして越の犀角《さいかく》、象歯《ぞうし》、翡翠《ひすい》、珠璣《しゅき》の四つを挙げている。残留兵士が嶺南で建国した南越の第二代王の墓から珍珠が出土している。

日本では一九七九年に太安万侶《おおのやすまろ》（～七二三）の火葬墓が奈良県此瀬《このせ》町で発見され墓誌

太安万侶墓出土天然真珠（8世紀）
皮殻が剥がれて中の真珠の光沢が見える。径4.2mm、74mg（左上）。化学分析の結果、あこや貝真珠であるという。（『太安万侶墓』）

南越王墓出土珍珠（『西漢南越王墓』上）

のほかに真珠が四顆《か》出土した（奈良県立橿原考古学研究所編『太安万侶墓』奈良県史跡名勝天然記念物調査報告第四三冊、一九八一）。貝のもつ不思議な生態現象であれば、古代の人々も貝に対する信仰があったと考えてよい。日本では古墳時代に貝珠と呼んでいる出土物もある。主成分はカルシウムである。塔児坡《とうじは》秦墓のなかに十六件もの淡水の貝が出土しているのは注目できる。西耳村《せいじそん》秦墓にもいくつか見える。前者では上部には丸い穴が空けられ、貝殻の内部には朱色の顔料が残されていた。

②太阿《たいあ》の剣　楚王が欧冶子《おうやし》と干将《かんしょう》に鉄剣三ふりを作らせた、干将、莫邪《ばくや》、太阿という（『越絶書《えつぜつしょ》』）。秦では青銅剣を多く制作し、兵馬俑坑でも鉄剣は数件しか見られない。太阿の剣は鉄剣であろう。鉄剣は腐食しやすいので残りにくい。陝西省宝鶏市益門村で

金柄鉄剣
29.7cm（『大兵馬俑展』）
陝西省宝鶏市益門村春秋後期墓出土

羽根飾りの旗
南越王墓出土船紋銅桶型器にみえる軍船の羽飾りの旗（『中国・南越王の至宝』）

出土した金柄鉄剣は金の柄にトルコ石をちりばめた豪華なものである。高い製鉄の技術は秦ではなく東方の国々にあった。秦が趙を滅ぼしたときには製鉄業者の卓氏《たくし》を秦の植民地の蜀《しょく》に移住させた。また秦が魏を攻撃したときにも、製鉄業者の孔氏《こうし》を南陽に移住させた。東方の製鉄技術を手中に収めるための政策であった。

③**纖離《せんり》の馬**　古の名馬の名で纖驪《せんり》とも書く。この馬に乗っていたというのは、直接騎乗していたのではなく乗輿《じょうよ》（輿《こし》に乗る）のことである。秦の名馬は始皇帝を載せた二号銅車馬の四頭、その先導車の一号銅車馬の四頭の馬にうかがうことができる。皇帝の馬を忠実に姿を再現したものといえる。周の穆王《ぼくおう》のときに八駿の名馬がいたことが知られているので、纖離の馬も秦の馬ではなく周の

馬の血統を引いているのであろう。秦の祖先の造父《ぞうほ》は周の穆王の御者であり、西方巡狩に同行したという。そのときに徐の偃王《えんおう》が反乱を起こしたので、穆王は一日に千里を走らせて帰ったという伝説がある。驥《き》、温驪《おんり》、驊騮《かりゅう》、騄耳《りょくじ》という名馬の名前を李斯《りし》は挙げた。

⑥**翠鳳《すいほう》の旗《はた》**　翡翠《ひすい》（カワセミ）の青や緑の鮮やかな羽を飾った旗。暖かい南方に生息するので、秦の地の鳥ではない。『淮南子《えなんじ》』が挙げた越の翡翠は玉ではなく、秦は南方のカワセミの羽を珍鳥して求めたのであろう。秦が滅ぶなかで秦の残留兵士が越に建国した南越の王墓が発掘された。出土した青銅器に描かれた南方の戦艦には羽毛の旗が掲げられている。翡翠の羽も含まれているかもしれない。

⑦**霊鼉《れいた》の鼓《つづみ》**　鰐皮《わにがわ》の太鼓。長江には小型のヨウスコウワニの固有種が知られており、現在でも安徽省に保護区がある。長江流域の楚の懸鼓《けんこ》が知られている。荊州市望山一号墓から彩漆虎座鳥架懸鼓が出土している。二頭の虎を台座に、その上に二羽の鳥が背中合わせに立ち、その間に太鼓を吊り下げている。秦王の咸陽宮中にはこのような楚から運んだ太鼓があってもおかしくない。兵馬俑坑の戦車にも太鼓の痕跡が確認できるが、こちらは実践用の秦の太鼓である。

戦国楚の太鼓
虎座鳥架懸鼓　高さ150cm 幅130cm
(『中国古代漆器精品選』1994)

一号銅車馬御者の玉環と帯
(『秦始皇陵銅車馬発掘報告』)

④夜光《やこう》の璧《へき》　朝廷を飾っていた闇夜で光りを発するような玉璧。秦の玉璧は始皇帝の曾祖父の昭襄王が趙の恵王から十五の城と交換しようとした連城《れんじょう》の璧で知られる。始皇帝の一号銅車馬の御者を見ると、玉環《ぎょくかん》を身につけている様子がよくわかる。これまで出土した秦の玉器の数は多くなく、小型秦墓から質のよくない玉璧が出土していたが、近年始皇帝陵西の大型陪葬墓から玉器が大量に出土、質の高い玉璧もあった。

⑤犀象《さいぞう》の器《うつわ》　犀の角と象牙で作られた玩具。犀や玳瑁《たいまい》は南海から南方の番禺《ばんぐう》に集まってきた。馬王堆《まおうたい》一号墓の竹笥の木牌に「文犀角象歯笥」がある。遣策《けんさく》には「木文犀角象牙一笥」とある。竹笥《ちくし》のなかには木製の象

始皇帝陵西の大型陪葬墓から出土した玉器

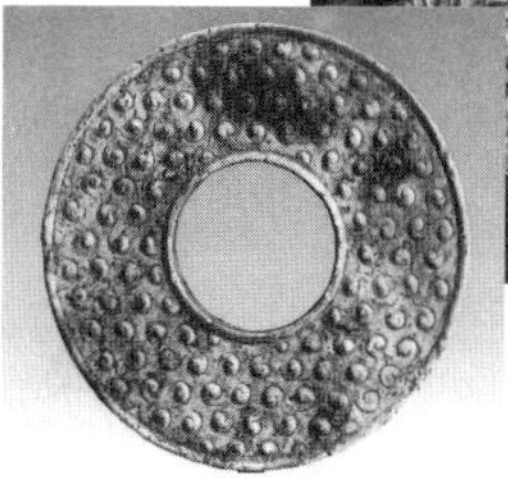

小型秦墓出土玉璧（『西安龍家荘秦墓』）
穴の半径が輪の幅より狭いものを玉璧《ぎょくへき》、同じものを玉環《ぎょくかん》、広いものを玉瑗《ぎょくえん》という。

牙と犀角が入っていた。象牙は大小、犀角は大中小の三種類作られていた。犀角が大小あるのは、アジア犀の特長で、大小二角がある。六博のコマなど、玩具に加工していた。犀角は中が繊維質で薬用がある。

⑥**鄭衛《ていえい》の女《むすめ》**　小国の鄭、衛の地の女性は、鄭衛の音楽の歌舞に長じており、秦王の後宮に満ちていたという。『礼記』楽記篇に鄭衛の音は乱世の音という。ではどのような音楽であろうか。馬王堆《まおうたい》三号墓の遣策《けんさく》には、「河間舞者四人」「鄭舞者四人」「楚歌者四人」「河間瑟《しつ》一、鼓者一人」「鄭竽瑟《うしつ》各一、炊（吹）鼓者二」「楚竽瑟各一、炊（吹）鼓者⧄」とある。これらは埋蔵された木俑の歌俑十二件、舞俑八件に相当する。馬王堆一号漢墓にも同

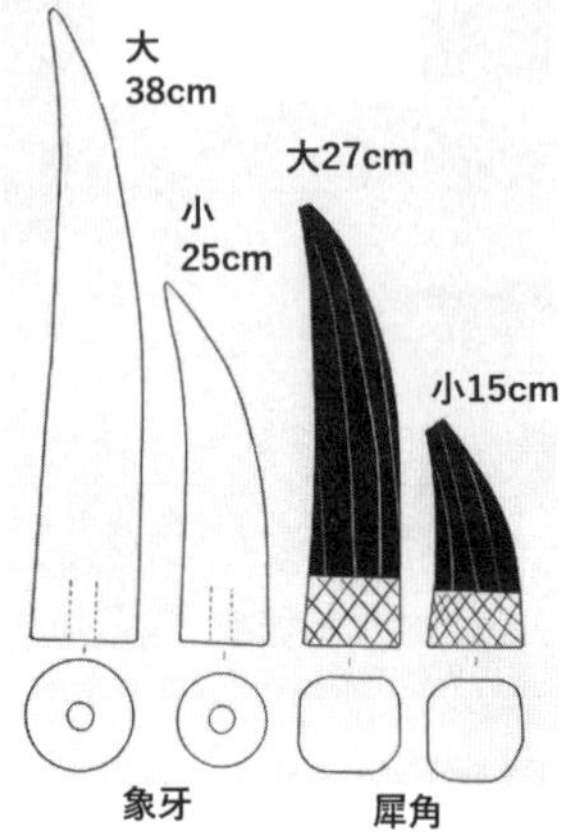

錯金銀雲紋銅犀尊
前漢　1963年　陝西省興平県豆馬村出土
中国歴史博物館蔵『中国文明展』2000より

木の象牙と犀角（『長沙馬王堆一号漢墓』上）

じ歌俑、舞俑のほか奏楽俑があり、瑟と竽の演奏場面が見える。前漢初期の長沙でも、北方の河間（中山の東）と鄭の舞いの女性が楽器とともに歓迎されていた。秦の時代の芸能の伝統が漢にも引き継がれている。

⑪**駿良《しゅんりょう》駃騠《けってい》**　生まれて三日で母馬を超えて速く走るという馬（『史記』索隠）。始皇帝の銅車馬の馬が速度よりも長い距離を牽引する馬であれば、兵馬俑坑の騎馬俑は速く走る馬を再現したものである。李斯はこの駿馬が外厩《がいきゅう》（宮中外の厩《うまや》）に満ちていたという。もとは秦国外の産であるという。北方の遊牧民の馬であったのだろう。

⑫**江南《こうなん》金《きん》錫《し》**　江南で産出した金と錫《すず》をいう。この江南は後の長江下流以南（現在の江蘇省南

銅車馬の馬（牽引馬）
（『秦始皇帝陵出土二号青銅馬車』）

兵馬俑坑2号坑の騎馬
（『秦始皇帝陵』）

部）の地域ではなく、長江中流域以南（現在の湖南省・江西省）を指す。始皇帝は江南から南下して百越を侵略した。豫章《よしょう》（江西省南昌市）は黄金、長沙は錫の産地として知られる。南昌にある前漢海昏侯《かいこんこう》劉賀（わずか二七日間即位した前漢第九代皇帝）の墓からは黄金が大量に出土した。

⑬**西蜀丹青《せいしょくたんせい》**　西蜀産の丹砂と青の顔料。二号兵馬俑坑から出土した彩色跪射俑《きしゃよう》には丹と青の色彩が使われている。黒髪を巻き上げた朱の紐と襟の青が美しい。宮殿の色彩にも朱と青は多様されたのであろう。秦の封泥の「采青丞印」を見ると、朱砂とは別に、藍銅石などから青色の顔料を取り出した官職があったことがわかる。

江南の金（『五色炫曜—南昌漢代海昏侯国考古成果』2016）
海昏侯劉賀墓出土（江西省南昌市）
大小の円形の馬蹄金、筒形の麟趾金、金餅、金板など豊富である。

⑭**宛珠《えんじゅ》の簪《かんざし》**　宛珠は随珠で、宛も随も漢水の南の地名。宛珠で先を飾った簪。睡虎地《すいこち》秦墓にも竹の簪は見られるが、ここでは簪に真珠の装飾の施したものを指す。秦王も簪を付け、珥を下げていたことがわかる。

⑮**傅璣《ふき》の珥《じ》**（みみだま）　傅璣とは璣（丸くないたま）を耳に付けること。馬王堆一号墓の竹笥に「珠璣笥」がある。遣策《けんさく》には「土朱璣一縑嚢《けんのう》」とあり、竹笥には泥土で作った絹袋があった。耳飾りを耳瑺《じとう》といい、陝西省子長県で秦の瑪瑙瑠璃《めのうるり》耳飾が出土している。

⑯**阿縞《あこう》の衣《ころも》**　斉の東阿県産の縞（白絹）。斉《せい》と魯《ろ》は桑と麻の産地として知られていた。秦王の愛用していた衣装は東方産の絹織物であったことがわかる。

玉冠飾（『中国文物精華　1992』）
竜山文化　23cm　1983年
山東省臨朐県出土

倡優《しょうゆう》図《ず》（『秦都咸陽考古報告』）
咸陽3号宮殿遺址壁画
倡優とは、役者、芸能者のこと。

⑰**錦繡《きんしゅう》の飾《しょく》**　戦国楚の墓からは刺繡の衣服も出土している。また馬王堆《まおうたい》一号漢墓では色糸で刺繡したものは、香嚢、枕、手袋など各種ある。秦の封泥に「右織」「蜀左織官」があり、蜀の織物が秦王のもとに入っていたことがわかる。

⑱**窈窕《ようちょう》の趙女《ちょうじょ》**　しとやかで美しい趙の女性。始皇帝の母は趙の邯鄲《かんたん》の出身で歌舞に長けていた。趙が滅ぼした中山の地方では、女子は大琴《おおごと》の瑟《しつ》をつま弾き、富者の後宮に入る者が多かったという。李斯は秦王始皇帝の母を意識していたのかもしれない。

竹笥に入れる物品の事例

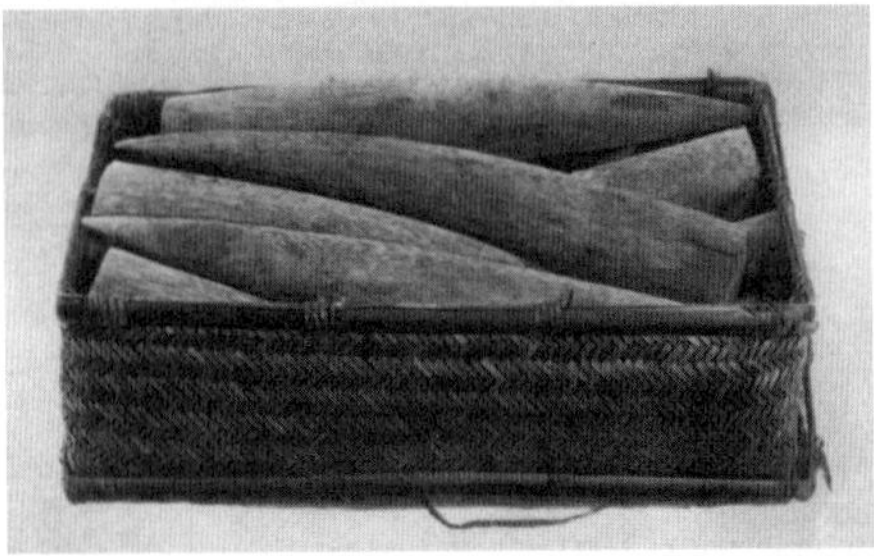

木製象牙の竹笥（『馬王堆一号漢墓』）

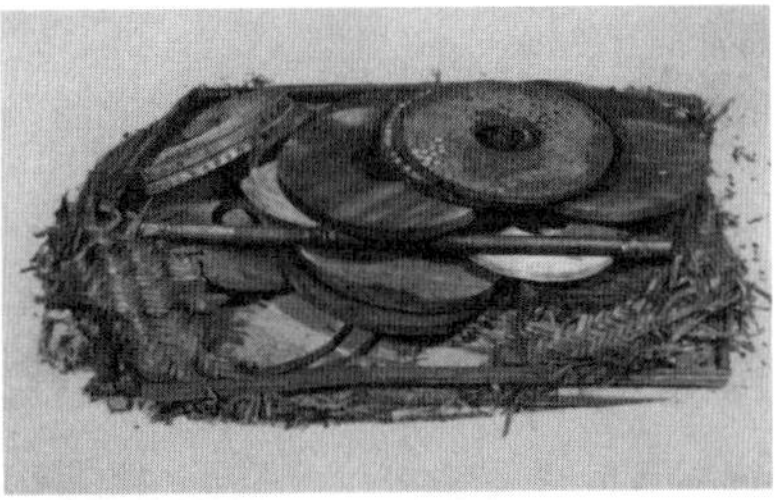

木製玉璧の竹笥（『馬王堆一号漢墓』）

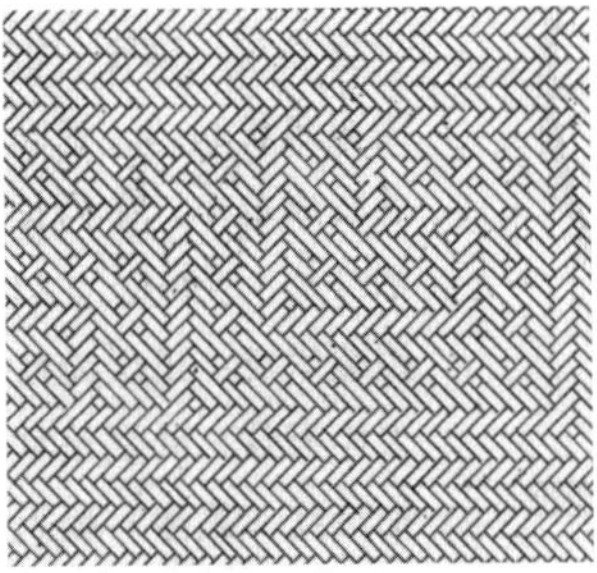

秦の時代の竹笥（『雲夢睡虎地秦墓』）
竹笥は馬王堆漢墓だけでなく、睡虎地秦墓にもあり、秦の時代も竹笥で梱包した。

始皇帝の宴席

前二二一（始皇二五）年五月、天下の人々に大酺《だいほ》、すなわち大宴会を許可した。秦が東方の六国のうち斉を除く韓、趙、魏、燕、楚の五カ国を滅ぼしたことを祝うために、日常禁止していた集団の宴会を認めたのである。酺とはもともと民間の行事における集団飲食のことをいった。睡虎地秦墓の埋蔵品の酒器に見たように、酒宴のときには壺、鈁《ほう》、鍾《しょう》と卮《し》と耳杯が必須であった。翌年、斉を滅ぼし、天下を統一したときにもふたたび大酺が許可された。これとは別に始皇二七（前二二〇）年には爵一級が民衆に与えられた。二〇等爵といい、一つの爵位を一級と数えた。戦乱時には敵の首を取ったものに爵一級を与えたが、このときは、天下統一後に庶民の男子に一律に爵位一級を与えたのである。このときにも宴会が許可されているはずである。始皇三一（前二一六）年十二月に、臘月《ろうげつ》という十二月の月名を嘉平《かへい》と改めた。このことを祝い、黔首《けんしゅ》（民衆）には里の聚落ごとに六石《せき》の米と二匹の羊を賜った。六石の米とは、一石三〇キログラムの六倍、一八〇キログラムの穀物、一里数十から百の家の民の成人が集まる宴席には十分であろう。二匹の羊は鼎で煮て羹《こう》（あつもの・スープ）にしたのであろう。馬王堆《まおうたい》三号墓の遣策《けんさく》には羊の羹のほか臘《ろう》（塩漬けの干し肉）がみえる。冬の寒さで皮下脂肪が乗った羊肉を食したのであろう。当然飲酒は欠かせない。始皇三六（前二

秦の陶器の形（『秦都咸陽考古報告』）
容器の形に合わせて物品を収めた。液体であれば漏れたり蒸発しないように口は小さく、固形であれば出し入れをしやすいように口は大きめに。加熱の必要のあるものは、足の付いた容器や、竈に直接載せる釜のような形となる。地下宮殿や墓室に食材を収めた場合、このような容器を封印したものと考えられる。出土した容器にはなかの食材や液体の痕跡が残る場合がある。

一二）年にも北辺の地北河《ほくが》の楡中《ゆちゅう》に三万の家を移し、爵一級を賜った。

始皇三四（前二一三）年には北方の匈奴、南方の百越との戦争が行われ、戦勝を祝って咸陽宮で置酒《ちしゅ》の宴が行われ、博士七〇人が祝った。このときにも壺、鈁、鍾などの貯酒器と卮と耳杯が準備されたことであろう。七〇人の博士が耳杯《じはい》をもって祝った光景は壮観であったはずだ。このように、始皇帝の時代、地方でも中央でも酒宴が国家的慶事に行われた。睡虎地《すいこち》秦墓や馬王堆《まおうたい》漢墓をみても、始皇帝陵の地下宮殿にも大量の酒と酒器が運び入れられたことであろう。

彩漆双耳長盒《ごう》（雲夢睡虎地《うんぼうすいこち》四三号秦墓

秦の鼎とスープ

2010年、咸陽飛行場の戦国秦墓から鼎と狗の骨が出土、馬王堆三号漢墓遣策によれば狗苦羹・狗巾羹などのスープがあった。（騰訊網「2400年前的秦国古墓、出土“緑色小狗”、考古専家：立即送北京」）

漢代の酒（醸造酒）

2000年西安郊外の漢墓で発見（西安市文物保護考古所蔵）

馬王堆三号漢墓の遣策によれば温酒があり、お燗をして飲んだ醸造酒があった。口が封印されていれば残ることもあるが、ほとんどなかの酒は蒸発している。

出土）に「咸包」「亭上」の烙印《らくいん》があり、咸陽に漆器工房があったことがわかるが、咸陽周辺の秦墓からはほとんど漆器の耳杯《じはい》は出土していない。

第六章

始皇帝の墓室

始皇帝の遺体の搬送

『史記』秦始皇本紀によれば、始皇三七（前二一〇）年の第五回の巡行の途中、始皇帝は平原津《へいげんしん》で病にかかった。七月丙寅《へいいん》の日、始皇帝は沙丘《さきゅう》の平台《へいだい》で死去した。丞相の李斯は、皇帝が外地で亡くなったことが洩れれば政変が起こることを恐れて極秘にした。始皇帝の遺体を載せた轀輬車《おんりょうしゃ》は、本来の巡行経路を変更せずに都咸陽まで戻り、その後に喪《も》を発表した。九月に酈山《りざん》（陵墓）に埋葬したと伝えられる。遺体を極秘に運んだ日数は、『史記』の記事の修正が必要である。七月丙寅の日は七月の暦にはないので八月丙寅（二一）日に修正し、埋葬の九月とは、九月の後に来る閏《うるう》の後《こう》九月のことである。この年は一年は一三ヶ月ある。とすると遺体を搬送して埋葬までの期間は、最低、八月の九日間と九月の三〇日間を加算した日数があった。三九日間以降に埋葬したことになる。

本来の皇帝の殯《もがり》の期間は、前漢の皇帝の事例がわかっている。高祖は二四日、文帝は七日、景帝は十日、武帝は一八日、昭帝は四九日、元帝は五五日、成帝は五四日、哀帝は百五日などと比較してみると、始皇帝の三九日以上というのはとりわけ長いというわけではない。宮殿に収められた皇帝の棺には腐敗を遅らせる特別の処置が採られたと思われる。始皇帝の場合、夏の暑さのために轀輬車に載せた遺体から死臭が漂ってきた。そのために一石《せき》（三〇キログラム）の鮑魚《ほうぎょ》（発酵させた魚）を車に載せて匂いを紛らわしたという。腐敗を避けるために発酵させた鮑魚の話ばかりが一人歩きするが、遺体の腐敗を一定程度遅らせる手段は別に試みられたと思われる。馬王堆《まおうたい》一号墓の女性は薄絹の服の重ね着をさせていた。彼女も残された胃を解剖したところ、瓜の種が出てきたので、夏場に亡くなったことが分かっている。巡行の隊列には、地方で献上された産物が様々な容器に収めて運ばれていた。保存処理をしなければならなかった生の食材もあったと思われる。

玉衣

前漢の都長安に入った赤眉《せきび》の乱の軍は、紀元二六年に長安城を焼き払い、目の前の前漢の皇帝陵を盗掘するなどの行動に出た。とくに高祖劉邦の呂后《りょこう》の陵墓を発《あば》き、屍《しかばね》を陵辱《りょうじょく》したことが伝えられている。背景には高祖の孫の城陽景王《じょうようけいおう》劉章が、高祖亡き後の呂太后《りょたいこう》（子の恵帝が即位すると太后となる）の権勢を宴席で批判したことを称《たた》え、赤眉はその城陽景王の祠《ほこら》を信仰していたことがある。その時の様子を「凡《およ》そ賊の発《あば》く所、玉匣《ぎょくこう》の殮《おさ》むる有る者は皆生けるが如く、故に赤眉多く婬《いん》を行うを得《う》」（『後漢書』劉玄・劉盆子列伝）と伝えている。高祖劉邦の皇后であった呂后が亡くなったのは前一八〇年、このときいわゆる玉衣を着せて地下

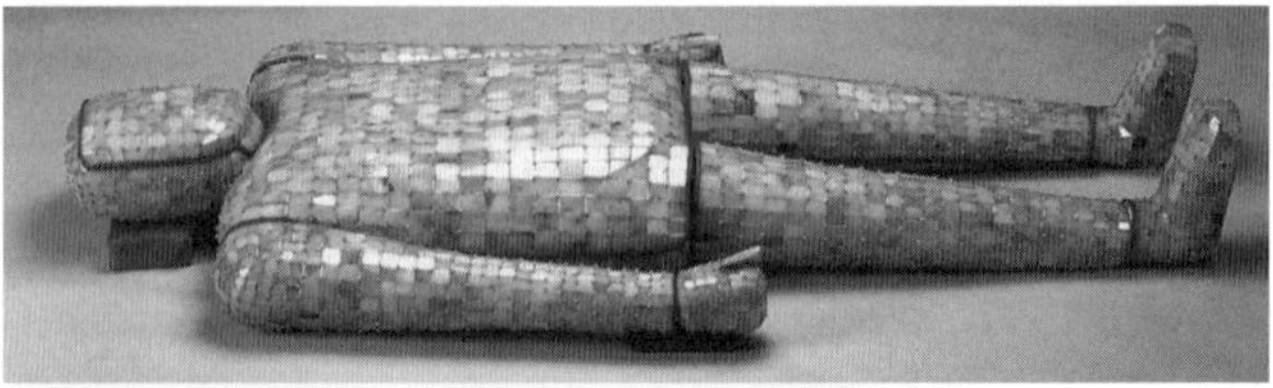

金縷玉衣　江蘇徐州獅子山前漢楚王陵　4000枚（徐州博物館蔵）

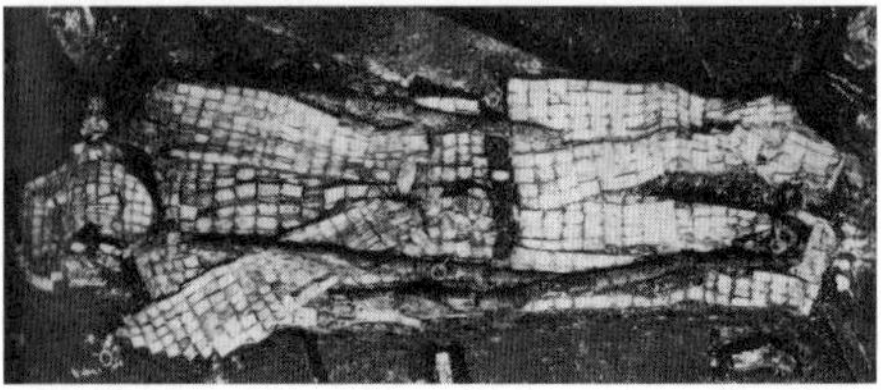

金縷玉衣　満城漢墓　中山靖王劉勝　2498枚（『満城漢墓』1980）

に埋葬されていたことになる。高祖が亡くなったのは前一九五年、前漢初代の皇帝と皇后、遺体が玉衣にくるまれて埋葬したとすれば、わずか十五年前に前二一〇年に埋葬された始皇帝の制度を継承していたはずである。高祖や呂太后の時代、手本になるべき制度は秦のものであった。

玉衣の実例は、一九六八年、やはり文化大革命中に発見された満城漢墓《まんじょうかんぼ》で世間の知るところとなった（『満城漢墓発掘報告』上下、文物出版社、一九八〇）。武帝と異母兄弟の中山靖王《ちゅうざんせいおう》劉勝（在位前一五四〜前一一三）は景帝を嗣ぐ皇帝になっていたかもしれない人物であった。河北省満城県で劉勝と夫人竇綰《とうわん》の陵墓が偶然発掘された。遺体は朽ちていたが、二人の頭から足の先まで全身が金縷玉衣《きんるぎょくい》にくるまれていた。劉勝は二四九八枚の玉片、夫人は二一六〇枚もの多数の玉片の四隅を金の糸で綴《つづ》り合わせたものである。玉衣とは正確には玉匣《ぎょくこう》というのが正しく、これは死者の衣ではなく、遺体をくるんで二度と脱衣することのない文字通り玉製の匣《はこ》である。遺体を収める棺も玉製であった。玉の威力で永遠に遺体を保護しようと考えたのである。満城漢墓は地下深く墓室を設けたものではなく、岸壁に横穴を穿《うが》った墓であったので、外気と遮断されずに遺体が残ることはなかった。玉衣のなかの遺骸が土に溶けていくこともなく、玉に囲まれた結果、歯の表層の最も堅いエナメル質の部分と骨粉だけが残っていた。

玉片を加工し、金の糸で綴《つづ》る技術は精巧である。方形の四隅に穴を空け綴っていく。漢の皇帝の玉衣は、皇帝陵が発掘されていないので、未見であるが、諸侯王や列侯の墓には残されていた。中山王劉勝の死は前一一三年、武帝の元鼎四年、玉衣は武帝の時代のものであった。これより時代をさかのぼる玉衣には、景帝の時代（在位前）の楚王劉戊《りゅうぼ》の金縷玉衣が江蘇省徐州市の獅子山《ししさん》楚王陵で見られた。四〇〇〇枚以上の白玉を金の糸で綴ったものである。楚王劉戊は前一五四年、呉楚七国《ごそしちこく》の乱に加わって漢王朝に反旗を翻し、最後は自殺させられた人物である。

始皇帝が地下宮殿で金縷玉衣をまとっている可能性は高いが、まだ確証はない。

玉衣と石鎧

秦の時代の玉衣はまだ発見されていないが、始皇帝陵の墳丘東南で発見された石鎧《いしよろい》と冑《かぶと》の製作技術から玉衣の存在を推測することはできる。石鎧は玉片ではなく石灰岩の石片を銅の糸で綴っていく。玉と石とはまさに玉石混淆であり、玉石の切り出し、切断、研磨、穿鑿などの製作の工程は共通であった。石鎧工房が咸陽城内であったことが石片の出土から最近わかった。石鎧の石片の厚さは着用する人間の部位によって異なり、体型にあわせて湾曲させ、平均五〜七ミリメートルが多く、玉片の二〜三ミリメートルよりも厚いのは金属製武器の攻撃に対抗するためである。防御のための鎧冑や盾は、一般には鉄や皮で作る。前五世紀の曽《そう》侯乙墓《こういつぼ》からは皮製の漆塗りの甲冑が出土している。石鎧の石片は生きた人間を包み込むので、とくに冑には糸を通す数以上の穴を空気孔としても空けておく。玉衣のように短い糸で綴るのではなく、長い糸で縫い合わせていく方が強度が高い。裏面には縫い糸が錯綜している。地下の陪葬坑に石鎧が大量に埋められたのは、副葬用の明器であるという説が有力であるが、実用の石鎧であったと考えられる（張衛星・馬宇『秦甲冑研究』陝西人民出版社、二〇〇四）。武器の一つとしての鎧冑は貴重品であり、個々人の兵士の墓に埋蔵することはなかった。

兵馬俑坑兵士俑の鎧

石鎧（『秦始皇帝陵』）

兵馬俑の鎧着用の兵士は、鎧の形が粘土で再現されている。鎧片の接続部分は、ビット状になっており、動きの必要な部位は朱色の紐で連結している。鎧の形はわかるが、材質はわからない。皮であったのか鉄であったのか、それとも石であったのか。兵馬俑と石鎧の肩部分を細かく観察してみると、兵馬俑でも鎧片は石鎧と同じようにかなりの厚みがあり、共通している。鉄の比重七・八五に比べれば玉石は二～三と軽い。薄い鉄片で作れば軽いが強度に欠ける。矢が貫通しないような厚みで作れば、鉄よりも石の方が軽い。石鎧は一領で六〇〇片ほどの石片を連ね、重量は十八キログラム程度であり、重量感はそれほどない。

一方の玉衣の綴り方では実際に身体を動かすことはできない。身体は拘束されてしまう。馬王堆

兵馬俑坑兵士俑の鎧（肩）

石鎧（肩）

両方の鎧の厚さはほぼ同じである。

一号漢墓の女性は手足を縛って拘束状態であった。つまり硬直した遺体を固定するものが玉衣であった。玉片の四隅に穴を空け、金銀銅や絹の短い糸でつないでいく。一方、石鎧の方は動きがとれるように縫い合わせている。玉石片を体型にあわせて綴ることでは共通である。石鎧の存在は、秦に玉片があったことの傍証となると思う。

九竅

劉勝夫妻の玉衣の下の朽ちた遺体は、もともと人体の九竅《きゅうきょう》（九つの穴）を玉で塞いでいた痕跡がある。遺体を腐乱させないように塞いだのである。死を迎えた遺体は、細菌の繁殖で内臓から腐敗しはじめ、メタンガスを排出する。古代の人々はそれを塞いで腐敗を止めようとしたのである。

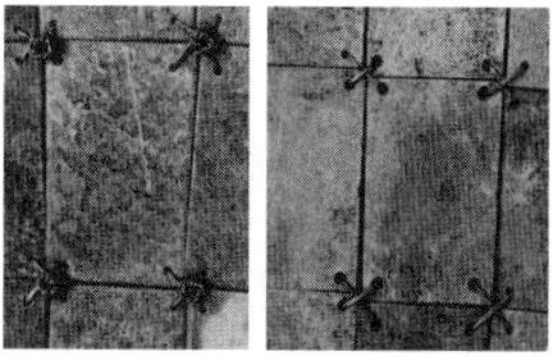

表側　裏側

玉衣の綴り方（満城漢墓）

四隅に穴をあけて金の糸でつなぐ。遺体の全身をおおうのが玉衣であり、遺体が動くことは想定していない。玉片で身体をおおうという発想は鎧からきていると考えてよい。（『満城漢墓発掘報告』1980）

兵馬俑　石鎧

鎧の綴り方

身体を保護する鎧は兵士の動きに耐える縫い方をしている。

中山王劉勝墓では眼蓋《がんがい》二、耳瑱塞《じてんそく》二、鼻塞《びそく》二、口琀《こうがん》、肛《こう》門塞《もんそく》、生殖器罩盒《とうごう》の九件がそろっていた。秦の小規模な墓は咸陽周辺で玉のほか石や骨製のものが数多く発見されている（陝西省考古研究所『咸陽東郊秦墓』科学出版社、『塔児坡秦墓』一九九八）。小規模葬では九つそろってはいないが、部分的に鼻塞や耳瑱塞が発見されている。報告書では部位を示されていないものは、数、形、大きさなどから判断できる。二つの場合は鼻塞か耳瑱、八角形は耳瑱、八角形の長いものは耳瑱（八センチメートル前後）、短いものは鼻塞（二センチメートル前後）、中間は肛門塞（四センチメートル前後）などである。咸陽周辺の小規模墓葬群に見る口琀は劉勝のものより単純な形をしており、別に蝉の形の玉蝉《ぎょくせん》なども口に含ませていた。北方の小規模墓葬では、地下が浅く、遺体の腐乱を避けようとして玉石や骨製の九竅《きゅうきょう》を部分的に使っていたので

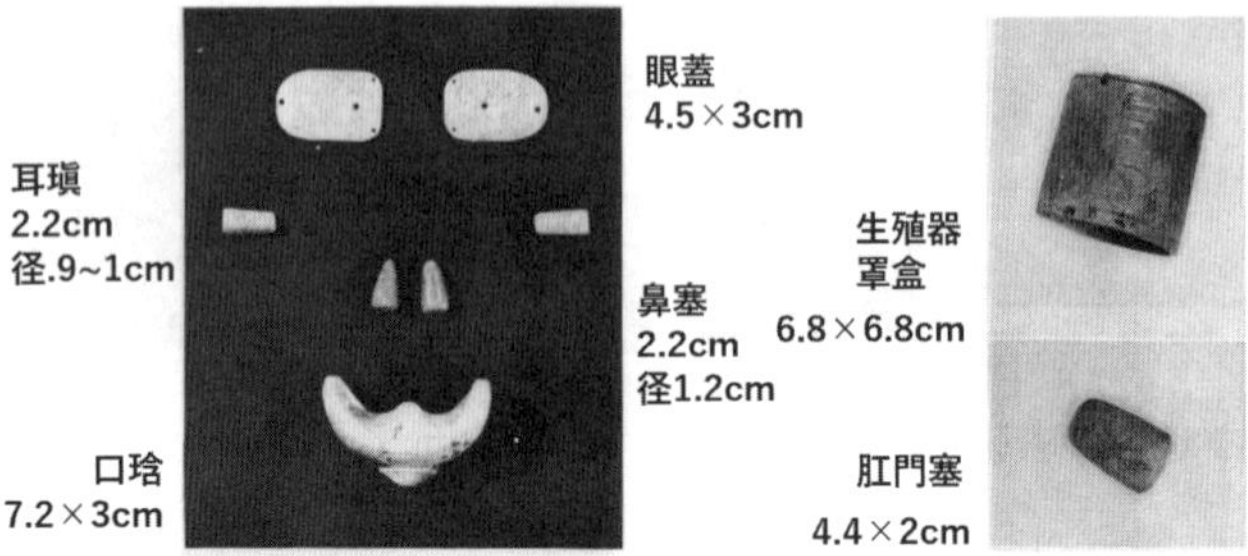

満城漢墓（劉勝）の九竅塞（『満城漢墓』）

あろう。始皇帝の遺体にも九竅《きゅうきょう》がそろって施されていたことは間違いないと思う。馬王堆《まおうたい》漢墓では遺体は徹底して絹にくるまれており、地下深く埋葬したので、内臓の腐乱から排出されるガスを塞ごうという発想はなく、九竅などの玉器は見当たらない。秦の地方官吏の棺内にも見当たらない。

皇帝の印璽

始皇帝の墓室に皇帝の印璽《いんじ》が収められているのかどうか、大変重要な問題である。南越王第二代文帝趙眜《ちょうばつ》の墓の埋葬の仕方は、始皇帝の埋葬を考える際にも参考になる（『西漢南越王墓』上下、文物出版社、一九九一）。秦帝国の崩壊とともに嶺南《れいなん》（五嶺の山脈以南、広東省、広西チュワン族自治州以南）に建国され、前漢武帝に滅ぼされた南越（前二〇三～前一一一）はもともと秦と関係が深い。第一代の武帝趙佗《ちょうだ》は、秦に滅ぼされた戦国の趙の真定県（河北省石家荘市）の出身であり、秦の南海郡の龍川令であったいわゆる中国人である。秦が侵略した百越の越人の上に立ったのが趙佗であり、前漢高祖の政権が秦の制度を継承したように、南越も秦の制度を取り入れている。趙佗の趙氏は、奇しくも始皇帝趙政（正）の氏と同じである。始皇帝は嬴《えい》姓《せい》趙氏であり、漢代には嬴姓よりも趙氏で呼ばれた。前漢武帝の時代の竹簡に、『趙正書』という始皇帝趙正の物語が記されていた。趙佗が始皇帝趙正を意識していたことは十分考えられる。南越の武帝、文帝は諡《おくりな》ではなく生前の号であり、国内では武帝、文帝と称したが、対漢王朝の外交では中国王朝を意識して一歩下がって武王、文王と称した。

趙眜は金縷玉衣ではなく、金の糸より下って絹で綴った絲縷玉衣《しるぎょくい》に身をまとい、六本の剣をさし、十九もの印璽を棺に収めていた。螭虎鈕《ちこちゅう》「文帝行璽《ぶんていこうじ》」、亀鈕《きちゅう》「泰子《たいし》」も中国皇帝の玉印から一ランク下げて金印であった。二つの金印は漆器の箱に入れて胸の位置に置かれていたが、箱は朽ちて残っていなかった。文帝行璽は中国の皇帝行璽《こうていこうじ》に相当する。中国皇帝にならった玉印の「趙眜」「帝印」「泰子」もあった。

皇帝の印璽には複数あった。皇帝三璽（皇帝行璽《こうていこうじ》、皇帝之璽《こうていのじ》、皇帝信璽《こうていしんじ》）と天子三璽（天《てん》子行璽《しこうじ》、天子之璽《てんしのじ》、天子信璽《てんししんじ》）の六璽《ろくじ》があったというのは後漢の史料（衛宏《えいこう》『漢旧儀《かんきゅうぎ》』、応《おう》劭《しょう》『漢官儀《かんかんぎ》』）であるから、前漢には皇帝三璽だけがあったといわれる（西嶋定生「皇帝支配の成立」『中国古代国家と東アジア世界』東京大学出版会、一九八三）。出土した前漢呂太后のときの張家山漢簡《ちょうかざんかんかん》の賊律《ぞくりつ》の法文によれば皇帝信璽と皇帝行璽を偽造したら腰斬《ようざん》であったという。始皇帝の時にもこの二つがあった可能性は高い。始皇帝が公子扶蘇《こうしふそ》に遺言した文書を皇帝のどの印璽で封印していたのかは断言できないが、国立博物館所蔵の伝世の「皇帝信璽」の圧痕は他の秦の封泥の圧痕と違い、竹筒や瓶型《かめがた》などの容器を封印していたものではないことは確かである。後漢には「皇帝信璽」は兵を発し、大臣を招集するときに用いられ、諸侯王に書を賜う場合は「皇帝之璽」、諸般に使用する場合は「皇帝行璽」と区別していた。文書は当然竹簡で書かれ、紐で綴じていたが、そのまま巻き上げて結び目に封泥匣《ふうでいこう》をつけて押印していただけでは、国家機密の文書としては危険すぎる。馬王堆《まおうたい》三号墓の漆奩《しつれん》の箱に竹簡や帛書を収め、紐で綴じていたように、皇帝の遺詔《いしょう》はなんらかの箱に入れ、箱自体を封印していたものと思われる。左右斜めから平行についた圧痕は、遺詔の箱を乱雑に紐で縛った痕跡かもしれない。

「少府」や「中尉之官」の秦の封泥の圧痕は明らかに竹筒で何かを収めたものである。京師を守備する中尉の高官が始皇廟に何を納めたのか興味深いが、当然始皇帝の死に際しても地下宮殿にも同様の物を納めたに違いない。百官の珍奇のものは最高位の高官の献上品も含

(『中国の封泥』)

璽の字形の相似

「玉」が「土」となっている。

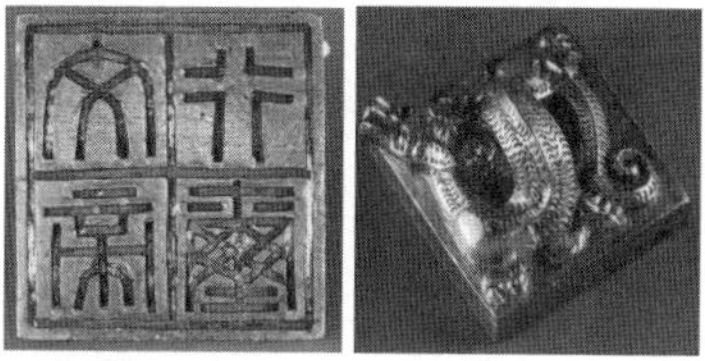

皇帝信璽の封泥と文帝行璽の金印

田字格に文字を収める。

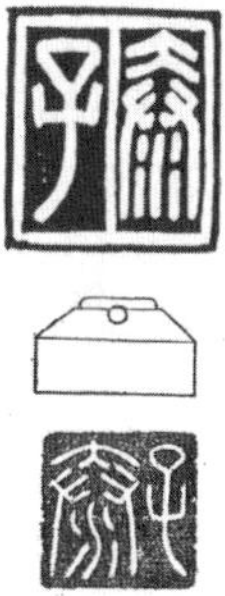

南越王墓出土亀鈕金印「泰子」と覆斗鈕（橋鈕）玉印「泰子」

泰子は太子のことかと思われる。

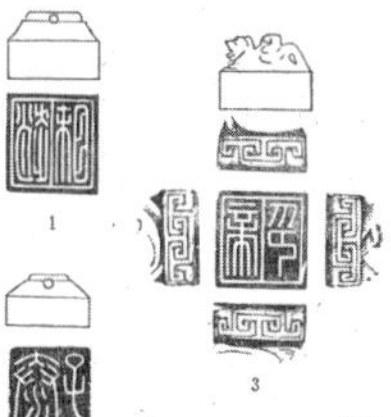

南越王墓出土玉印と秦印

(『西漢南越王墓』)

1

南越王墓出土趙昧印

鈕や田字格の文字は秦印に共通する。

8

咸陽黄家溝秦墓出土「范慶」印

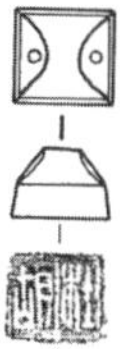

6

西安南郊秦墓鼻形鈕「杜胡」印

(『西安南郊秦墓』)

まれているはずである。皇帝への忠誠を最後に示す場であった。

さかのぼって嫪毐《ろうあい》の乱のときに長信侯嫪毐《ちょうしんこうろうあい》は秦王の御璽《ぎょじ》と母太后《ぼたいこう》（始皇帝の母）の璽を偽って兵を発したという。出兵の命令の書簡を偽造した印璽で封印し、各部署に送ったのであろう。また始皇帝の臨終の場で公子扶蘇に「喪《も》と咸陽に会して葬れ」という命令の璽書を作成した。その書は封印し、符璽《ふじ》を管理する中車府令趙高《ちゅうしゃふれいちょうこう》のもとに置かれ、まだ使者には渡されていなかったという。符璽とは皇帝の割り符と印璽であり、厳重に保管されていた。この重要な遺詔がどのように封印されていたのか気になる。結局趙高は公子胡亥《こがい》、丞相李斯《りし》とともに始皇帝の遺詔を破り捨てた。紙ではないので折ったのであろう。そしてあらたに太子胡亥を後継に立てる偽詔《ぎしょう》を作成したという。

『史記』巻八高祖本紀によれば、始皇帝の孫の秦王子嬰《しえい》は、沛公《はいこう》劉邦に降伏し、首に組紐をかけ、皇帝の璽と割り符と節（旗）を何か箱に入れて封印して差し出したという。これが始皇帝、二世皇帝と受け継がれた印璽と符と節であるのか、代替わりごとに作られたものであるのか。近年益陽秦簡などによれば、二世皇帝は始皇帝の治世をいったんリセットして自分の治世を始めることを宣言しているし、『趙正書《ちょうせいしょ》』にも先帝始皇帝の時代の律令などはいったん焼却処分し、新しい時代を始める意識が強い。とすれば皇帝の象徴である印璽もいったん地下宮殿の墓室に収めて、処分したとも考えられる。南越王の事例では、皇帝行璽に相当する文帝行璽が文帝一代のものであることは明らかである。継承されてもおかしくない帝印も墓のなかに収められた。子嬰の差し出した皇帝権の象徴は、趙高に迫られて自殺した二世皇帝一代のものであろう。後漢の時代にはこれらとは別に始皇帝がはじめて作った伝国璽《でんこくじ》というものがあったという伝説がある（応劭『漢旧儀』）。子嬰が差し出したのが始皇帝の伝国璽であったというのは事実ではない（栗原朋信『秦漢史の研究』吉川弘文館、一九六〇）。

始皇帝の剣

睡虎地《すいこち》秦墓には短剣が埋蔵され、長沙馬王堆《まおうたい》二号墓には剣の鞘が残され、三号墓には牛角で作られた疑似の長剣一件と短剣二件が収められていた。三号墓では剣架台《けんかだい》が初めて発見された。始皇帝の地下宮殿でも墓室に剣が収められているはずである。

秦王が始皇九（前二三八）年に「王冠し剣を帯ぶ」という成人の儀式を旧都雍城で行ったことは、嫪毐《ろうあい》の乱と重なっておりよく知られている。始皇二〇（前二二七）年、荊軻《けいか》による秦王暗殺未遂事件のときには、秦王は長い剣を抜こうとしたが抜けず、室《さや》を持って逃げ回り、最後は臣下に促されて剣を背負ってようやく抜き、荊軻を刺したことが伝えられている。始

1号銅車馬御者俑の長剣
60.34cm

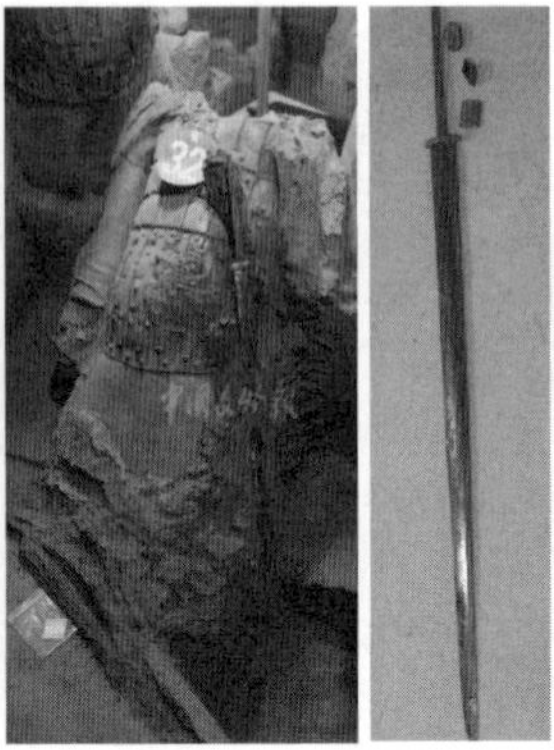

兵馬俑1号坑出土長剣
90.3cm

2号銅車馬御者俑の短剣
25.4cm

皇帝と長剣は切り離せない。始皇帝の銅車馬の御者俑は実物の二分の一のサイズである。一号銅車馬の御者は長剣を腰に帯びて立ち、二号銅車馬の御者は短剣を背に帯びて座っている。上着を留める帯とは別に、剣を下げるための帯を剣の鞘に付いた璏《てい》に通している。兵馬俑坑からは長さ九〇・八センチメートルの長剣が出土している。もっとも長いのは九四・四センチメートル、短いものは八一センチメートル、幅は三・六五センチメートル。出土したものには錆がなかった。長さ三五・六センチメートルの鈹《ひ》という短剣は槍の先に付けたもので、腰に下げたものではない。睡虎地《すいこち》秦墓や銅車馬には確かに短剣が見られる。

　さきの李斯のことばにもあった始皇帝愛用の剣は、地下の墓室に持ち込まれたはずである。睡虎《すいこ》

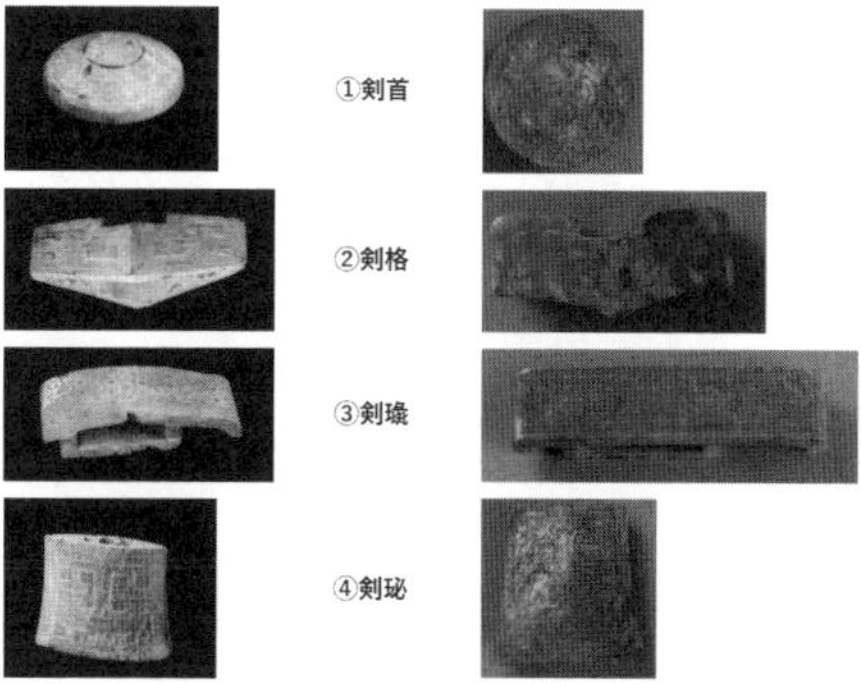

出土した剣の玉飾

銅車馬御者の帯剣

地《ち》秦墓や馬《ま》王堆《おうたい》漢墓では椁室《かくしつ》に収められた。塔児坡《とうじは》秦墓では武器は棺のなかに持ち込まれている。剣と鞘には玉の付属飾りが見られる。南越王墓には漆器の箱のなかに四三点もの剣につけた玉の飾りが収められていた。柄頭《つかがしら》の円形の剣首、格《かく》（鐔《つば》）、鞘の先の珌《ひつ》（摽《ひょう》・こじり）、璏《えい》（鞘に取り付けて帯を通す）の四点がセットになっている。咸陽周辺の小型秦墓でも、遺体の上に剣首、格、珌が縦に並べられていて飾りだけが並んでいる。

始皇帝の遺体の方向

始皇帝の遺体はどちらの方角に頭を向けていたのだろうか。始皇帝の周辺で埋葬された小規模秦墓では西向きが二七一基ともっとも多く、北向きが六六基、東向きが二一基、南向きが一四基となっている。

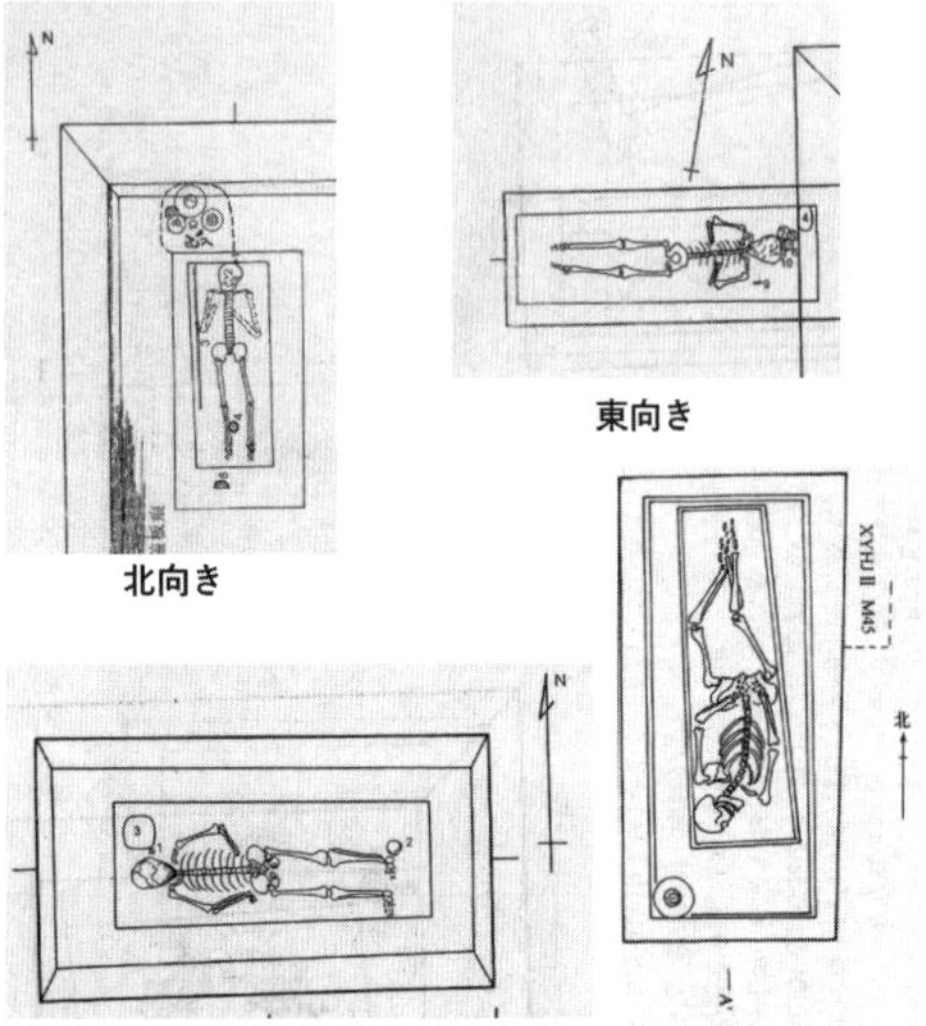

小規模秦墓の被葬者の頭の方向
南向きは黄家溝秦墓、ほかは塔児坡秦墓

この数字の片寄りは秦人の意識を示していると思う。秦の故郷の西に頭を向けた者がもっと多いということになる。始皇帝の死直後に恣意的に殺された胡亥の兄弟の墓地群とされている上焦村秦墓は墓道を西に向けた甲字形墓《こうじけいぼ》であり、被葬者の頭も西に向けている。また墳丘西北に接している大型の甲字形墓も墓道は西に向けている。始皇帝陵の西外城外の大型陪葬墓群の方は、東西方向ではなく南北方向に向き、中字形墓《ちゅうじけいぼ》と、墓道を北に向けた甲字形墓が並んでいる。大型陪葬墓は始皇帝とともに殉葬されたものではないので、始皇帝陵の陵園全体の方向である南北方向となっている。

この傾向から見ると、始皇帝の遺体も頭を秦の故郷の西に向けていたと考えてよいだろう。東は敵対した東方六国の方向であり、始皇帝が東に向けることは考えにくい。陪葬坑の兵馬俑の兵士が敵対する東に向いていることとは矛盾はしない。

始皇帝陵の南は酈山の自然の山であり、北の渭水に向いているのが始皇帝陵の陵園全体の方向である。始皇帝陵を酈山と呼び、自然の山岳の驪山を背にして人工墳の酈山を作った。高級官吏はかならずしも秦人ではなく、東方の外国出身者が多い。呂不韋《りょふい》、嫪毐、李斯、趙高、蒙恬《もうてん》、蒙武《もうぶ》、馮劫《ふうごう》、馮去疾《ふうきょしつ》などがそうである。頭を西に向けて秦の故郷に敬意を示す必要はなかった。

おわりに

項羽《こうう》が函谷関《かんこくかん》を超えて咸陽に入ったときに、秦の宮殿を焼き、始皇帝の冢《つか》を掘り、密かにその財物を収めたことが、漢王劉邦が楚王項羽の十の罪を挙げたうちの第四の罪であるといわれる（『史記』巻八高祖本紀）。漢王劉邦の方は、皇帝になって二十の家を始皇帝陵の墓守に当てているから、始皇帝陵を盗掘することはなかった。では項羽は始皇帝陵をどの程度盗掘したのだろうか。この記事を受けたのが『水経注《すいけいちゅう》』渭水《いすい》注の内容である。項羽は函谷関《かんこくかん》に入り、始皇帝陵を発き、三〇万人を動員して三〇日間かけて物を運び出したが尽きることがなかったという。そして関東（函谷関から東）の盗賊は槨室《かくしつ》を溶かして銅を取ったという。牧童が見失った羊を求めて探したところ、たいまつの火で失火し、九〇日間も地下宮殿の火は消えることがなかったという。牧童によるの失火のことは『漢書』楚元王伝にみえるが、九〇日間の火災のことは『水経注』の記事である。銅を盗んだのは後趙《こうちょう》（三一九～三五一）の第三代皇帝石虎《せきこ》であり、始皇帝の冢《つか》を掘り、銅の柱を盗んで溶かして器物にしたという（『晋書』載記《さいき》）。地下深くに密封された地下宮殿がそう簡単に盗掘され、三ヶ月も燃え続けたということには疑問が残る。たしかに地下五メートル程度の兵馬俑坑には火災で燃えた跡があるが、地下三〇メートルの始皇帝陵の地下宮殿が失火しただろうか。

日本の南北朝時代十四世紀の軍記物語である『太平記』の第二八巻に劉邦と項羽の漢楚《かんそ》の戦いが語られている。典拠はほぼ『史記』高祖本紀と項羽本紀であるが、典拠不明の話も出てくる。それは日本で創作されたというよりも、中国に残されていない未知の故事であろう。ここでは始皇帝陵のことを「驪山の神陵《しんりょう》」といい、銀水《ぎんすい》を流し、人魚の油で暗闇を灯したことにふれたあとに、こう述べる。「三公以下の千官六千人、宮門守護の兵一万人、後宮の美女三千人、楽府《がふ》の妓女《ぎによ》三百人、皆生きながら神陵の土に埋もれて、苔の下にぞ朽ちにける。『始めて俑《よう》を作れる人は、後《のち》無からんか』と、文宣王《ぶんせんおう》の誡《いさ》めしも、今こそ思ひ知られたれ。」という部分である（兵藤裕己校注『太平記』四、岩波書店、二〇一五）。官吏、衛士、女官、舞楽の女人が生きたまま陵墓に埋められているといい、しかも孔子（文宣王は唐の玄宗が贈った諡《おくりな》）が「はじめて俑を作った人には子孫が絶えるほどの祟《たた》りがある」と戒めたことば通りになったではないかという。孔子のことばは『孟子』梁恵王《りょうけいおう》上の引用であり、人の生き写しのような俑を作ったから殉死《じゅんし》の風習を生み出したというのだ。殉死の代わりに俑（ひとがた）が生まれたのではなく、逆だという。十四世紀の文献ですでに始皇帝陵と俑とが結びつけられて描かれていたわけだが、はじめて始皇帝陵の東で兵馬俑が発見されたのは一九七四年のことである。宮門守護一万の兵は生き埋めではなく、代替として八〇〇〇体ほどの兵馬俑として埋まっていた。すでに十四世紀の書物に、俑に言及されていたことに驚かされる。

始皇帝陵ではこうした「人の生き写しのような俑」を等身大で作ったことが、墳丘下の地下宮殿と墳丘外の陪葬坑に分けた最大の理由であった。ミニチュアの俑ではリアルさに欠けると考えたし、実際に秦墓から出土した俑には「人の生き写し」は感じられない。そして八〇〇〇体の等身大で生き写しの地下軍団の兵馬俑を地下宮殿に並べたとしたら、それだけで地下の空間は埋まってしまう。墳丘内地下宮殿の西の陪葬坑では二分の一サイズの銅車馬が二輌埋められていた。かといって地下宮殿に配置されたと推測できる宮観百官俑がすべて二分の一サイズとも思われない。墳丘外の陪葬坑の俑が真馬に合わせて等身大で作られているからである。筆者は以前、撮影のために、閉館後の観客のいない静寂の兵馬俑一号坑の兵士俑の隊列の前で、身震いを感じたことがある。二二〇〇年前の秦の兵士たちの生き写しであったからだ。前漢景帝の陽陵にも墳丘内外に陪葬坑がある。陽陵博物館として地下をめぐることができる。その俑はすべてミニチュアサイズである。

秦王が東方の六国を滅ぼし、天下を統一する歴史のなかで、咸陽城は一国の都から帝国の都へ拡張していった。六国戦争は終結したものの、あらたに帝国の領域は、北は匈奴、南は百越に接して拡張し、四海に囲まれた帝国を実現した。同時に進められていた陵墓の造営に

始皇帝陵陪葬墓　金銀駱駝の新発見（2020年４月20日『新浪陝西』「秦始皇陵園出土国内所見最早単体金・銀駱駝」）

もこうした政治が色濃く反映した。等身大の地下の世界を作り、始皇帝自身の生の世界を永遠に長らえさせようとした。孔子は同時代の秦公の殉葬を諫めたが、孔子が始皇帝の時代に生きていたならば、実際に孔子の弟子は孔子の思想を伝えていたが、等身大の地下世界には反発したことだろう。漢代以降の人々は壮大な始皇帝陵の華美な奢侈《しゃし》を批判した。墓に副葬するものは明器（冥器）といい、実物の縮小版であった。これらは墓室や椁《かく》室《しつ》のなかにすべて収めることができる。しかし唯一始皇帝だけは、等身にこだわった。始皇帝自身は自らの権力を誇示しようとしたというよりも、等身大の世界でこそ永遠の世界を長らえることができると考えていたのではないだろうか。地下世界は人に見せて誇示するものではなかった。封印された世界であり、あくまでも死後の始皇帝ひとりのために作られた世界であり、地下世界の主宰者に預けられた。

始皇帝陵の大規模陪葬墓では新たな発見が伝わってい

模本

西安北郊北康村戦国秦34号墓出土　人物紋帯飾板陶模（『西安北郊秦墓』2006）
戦国時代　前3世紀（陝西考古研究院）
報告書では右の母が左の男子を抱擁する姿とするが、同様の図案からみると、男（左）女（右）の姿である。

ディオニソス（左）とアリアドネス（右）のギリシャ神話の図案の黄金の留金具
（『黄金のアフガニスタン　守りぬかれたシルクロードの秘宝』2016）
1世紀　ティリア・テペ6号墓
出土した地域はアレクサンダー大王が入ったバクトリアであり、大王の死後もギリシア系のグレコバクトリア王国（大夏）が建国された。その後、北方のスキタイ（大月氏）に滅ぼされる。前漢の張騫が訪れる以前にバクトリアの文化が秦に入っていたかもしれない。

東西の等身大の人物像

秦将軍俑
185cm
始皇帝を肖像として残すことはない。将軍俑の姿がもっとも皇帝に近いものであろう。

アウグストゥス彫像（アシュモレアン博物館）
前27年にアウグストゥス（尊厳者）の称号を与えられたオクタヴィアヌスの像。右手を上げて兵士たちに演説している将軍としての姿を等身大よりも少し大きく作っている。（著者撮影）

る。出土した金銀製の駱駝《らくだ》はミニチュアサイズであるが、西方の人々が秦に献上した駱駝を表現したものであろう。後肢には所有者の焼印が押されている。咸陽周辺の小型秦墓群では西方の文化を示す装飾板の陶製の型が出土している。題材はギリシャ神話に求められ、葡萄酒の神ディオニソスとミノス王の娘のアリアドネである。アリアドネはテセウスと別れ、二人はナクソス島で遭遇した。

李斯が秦王に訴えた文章には、外国の文化とは東方の六国だけではなく、西方の世界の産物にも言及していた。等身大の地下帝国の実現には、西方文化の影響も加味しなければならない。等身大でリアルな人間の肉体を表現したギリシャ彫刻の文化は、ヘレニズム文化として西北インドにまで流入していた。武帝の張騫《ちょうけん》の使節の時代にまで待たずとも、秦の時代にそのような文化が流入していたことで、唯一、始皇帝の兵馬俑だけが等身大の文化を突然変異のように開花させたのではないか。真馬を尊重した秦文化は、西方文化の影響も無視できない。始皇帝の地下宮殿のなかにもそのような証拠があるかもしれない。

地下宮殿の真相の解明を課題にした本書の執筆は、未発掘のために正答のない課題に挑戦しているようなものであった。しかし、地下宮殿に始皇帝の遺体が今でも眠っているという好奇心が、これまでの始皇帝研究とは別に、執筆の意欲を最初から最後まで絶えさせないものにしてくれた。直近の中国では、始皇帝陵の地下の未知の世界に迫ろうとする計画があるのではないかという憶測情報も耳にした。遙感考古《ようかんこうこ》から地下宮殿のさらなる解明に取り込もうとしているのかもしれない。本書での筆者の推測が是と出るか非と出るか、期待と不安が混じり合った複雑な心境である。

参考文献

足立喜六『長安史蹟の研究』東洋文庫、一九三三

栗原朋信『秦漢史の研究』吉川弘文館、一九六〇

湖南省博物館・中国科学院考古研究所編『長沙馬王堆一号漢墓』上集・下集 文物出版社、一九七三

中国社会科学院考古研究所編輯『満城漢墓発掘報告』上下 文物出版社、一九八〇

《長沙馬王堆一号漢墓古屍研究》編輯委員会編・湖南医学院主編『長沙馬王堆一号漢墓 古屍研究』文物出版社、一九八〇

雲夢睡虎地秦墓編写組『雲夢睡虎地秦墓』文物出版社、一九八一

西嶋定生「皇帝支配の成立」『中国古代国家と東アジア世界』東京大学出版会、一九八三

『中国秦・兵馬俑』(財)大阪21世紀協会、一九八三

大庭脩『木簡学入門』講談社学術文庫、一九八四

『秦始皇陵兵馬俑坑 一号坑発掘報告 1974〜1984』上下 文物出版社、一九八八

大葆台漢墓発掘組・中国社会科学院考古研究所『北京大葆台漢墓』文物出版社、一九八九

鄭有国編著『簡牘学総論』華東師範大学、一九八九

袁仲一『秦始皇帝陵兵馬俑坑研究』文物出版社、一九九〇

広州市文物管理委員会『西漢南越王墓』上下 文物出版社、一九九一

陝西省考古研究所・西安交通大学『西安交通大学西漢壁画墓』西安交通大学出版社、一九九一

傅挙有・陳松長編『馬王堆漢墓文物』湖南出版社、一九九一

《中国文物精華》編集委員会編『中国文物精華(1992)』文物出版社、一九九二

『中国古代漆器精品選』中国荊州博物館、一九九四

荊州地区博物館「江陵王家台一五号秦墓」『文物』一九九五 第一期

『中国・南越王の至宝－前漢時代 広州の王朝文化－』毎日新聞社、一九九六

咸陽市文物考古研究所編『塔児坡秦墓』三秦出版社、一九九八

秦始皇兵馬俑博物館・陝西省考古研究所『秦始皇陵銅車馬発掘報告』文物出版社、一九九八

獅子山楚王陵考古発掘隊「徐州獅子山西漢楚王陵発掘簡報」『文物』一九九八 第八期

『漆で描かれた神秘の世界　中国古代漆器展』東京国立博物館、一九九八
東京国立博物館編『中国の封泥』二玄社、一九九八
秦始皇兵馬俑博物館編『秦始皇兵馬俑博物館』文物出版社、一九九九
陝西省考古研究所・秦始皇兵馬俑博物館編『秦始皇帝陵考古報告（1999）』科学出版社、二〇〇〇
『秦の始皇帝と兵馬俑展　辺境から中華へ "帝国秦への道"』共同通信社、二〇〇〇
秦陵考古隊「秦始皇陵園K九九〇一試掘簡報」『考古』二〇〇一　第一期
中国文物研究所・湖北省文物考古研究所編『龍崗秦簡』中華書局、二〇〇一
袁仲一『秦始皇陵の考古発見と研究』（原題『秦始皇陵的考古発現與研究』）陝西人民出版社、二〇〇二
傅嘉儀編『新出土秦代封泥印集』西冷印社、二〇〇二
何介鈞『馬王堆漢墓』文物出版社、二〇〇四
湖南省博物館・湖南省文物考古研究所編『長沙馬王堆二、三号漢墓』文物出版社、二〇〇四
西安市文物保護考古所編『西安南郊秦墓』陝西人民出版社、二〇〇四
陝西省考古研究所編『秦都咸陽考古報告』科学出版社、二〇〇四
張衛星・馬宇『秦甲冑研究』陝西人民出版社、二〇〇四
『大兵馬俑展－今甦る始皇帝の兵士たち』産経新聞社、二〇〇四
『中国国宝展』朝日新聞社、二〇〇四
『始皇帝と彩色兵馬俑展　司馬遷『史記』の世界』二〇〇四、ＴＢＳテレビ、博報堂
国家高技術研究発展計画＜八六三計画・中国地質調査局聯合資助＞、劉士毅主編、呂国印・段清波・袁炳強副主編『秦始皇陵地宮地球物理探測成果與技術』地質出版社、二〇〇五
陝西省考古研究院・秦始皇兵馬俑博物館編著『秦始皇帝陵園考古報告2001～2003』文物出版社、二〇〇七
陝西省考古研究所編『西安龍家荘秦墓』陝西科学技術出版社、二〇〇八
秦始皇兵馬俑博物館編『秦始皇帝陵』文物出版社、二〇〇九
秦始皇兵馬俑博物館編『秦始皇陵二号兵馬俑坑発掘報告（第一分冊）』科学出版社、二〇〇九
段清波『秦始皇帝陵園考古研究』北京大学出版社、二〇一一
周子虎・譚克龍・万余慶編著『秦始皇陵遙感考古』地質出版社、二〇一二

秦始皇帝陵博物院編『秦始皇帝陵園考古報告（2009～2010）』科学出版社、二〇一二

段清波「皇帝理念下の秦始皇陵園」『宇宙と地下からのメッセージ～秦始皇帝陵とその自然環境』D-CODE、二〇一三

鶴間和幸・惠多谷雅弘監修、学習院大学東洋文化研究所・東海大学情報技術センター共編『宇宙と地下からのメッセージ』D-CODE、二〇一三

鶴間和幸『秦帝国の形成と地域』汲古書院、二〇一三

張衛星「秦始皇帝陵陪葬坑に関する新研究」『宇宙と地下からのメッセージ～秦始皇帝陵とその自然環境』D-CODE、二〇一三

裘錫圭主編、湖南博物館・復旦大学出土文献與古文字研究中心編纂『長沙馬王堆漢墓簡帛集成』全七冊、中華書局、二〇一四

惠多谷雅弘・鶴間和幸・中野良志・岩下晋治・小林次雄・村松弘一・黄暁芬・段清波・張衛星「衛星データを用いた秦始皇帝陵の陵園空間に関する一考察」『中国考古学』第十四号、二〇一四

小澤正人「地下の文書館を掘る」『地下からの贈り物　新出土資料が語るいにしえの中国』東方書店、二〇一四

秦始皇帝陵博物院編『秦始皇帝陵出土二号青銅馬車』文物出版社、二〇一五

兵藤裕己校注『太平記』四　岩波書店、二〇一五

『五色炫曜－南昌漢代海昏侯国考古成果』江西人民出版社、二〇一六

『黄金のアフガニスタン　守りぬかれた秘宝』産経新聞社、二〇一六

陝西省考古研究所編『咸陽東郊秦墓』科学出版社、二〇一八

秦始皇帝陵博物院編『秦始皇帝陵一号兵馬俑坑発掘報告（2009～2011年）』文物出版社、二〇一八

写真提供

キャプションに特に表記のないものについては著者提供

著者紹介

鶴間 和幸　つるま　かずゆき

1950年生まれ。東京大学大学院人文科学研究科博士課程単位取得退学、博士（文学）。
専攻、中国古代史
学習院大学名誉教授

主要著書

『始皇帝陵と兵馬俑』（講談社学術文庫　2004）
『秦帝國の形成と地域』（汲古書院　2013）
『人間・始皇帝』（岩波書店　2015）

始皇帝《しこうてい》の地下宮殿《ちかきゅうでん》
隠《かく》された埋蔵品《まいぞうひん》の真相《しんそう》

2021年9月20日　第1版第1刷　印刷
2021年9月30日　第1版第1刷　発行

著者　鶴間和幸《つるまかずゆき》
発行者　野澤武史

発行所　株式会社 山川出版社
〒101-0047　東京都千代田区内神田1-13-13
電話　03(3293)8131(営業)　03(3293)1802(編集)
https://www.yamakawa.co.jp/
振替 00120-9-43993

印刷所　株式会社太平印刷社
製本所　株式会社ブロケード
装幀　グラフ

Printed in Japan　ISBN 978-4-634-15188-8